[改訂増補版]

個と組織を生かす
キャリア発達の心理学

自律支援の人材マネジメント論

二村英幸
Hideyuki Nimura
著

金子書房

改訂増補版の刊行にあたって

　初版の上梓から約5年が経過したが，この間で「キャリア発達」の用語はかなり浸透したように思える。その背景には，キャリア環境の複雑化，流動化があり，学校教育の学びの一つになった事情があるように思われる。大学教育の学修においても，社会人，職業人としての自律が目標に掲げられるなど，さまざまな取り組みがみられる。

　本書は，キャリア発達に関わる心理学や経営学の知見を整理するものであるが，テキストとして一定の役割を果たしてきたように感じている。それにもかかわらず改訂増補に至ったのは，主に筆者の非力によるものであるが，このテーマの複雑さもあるように思う。

　個人の生活と組織の事業活動は，依存し合うかけがいのない関係のはずであるが，残念ながら，時に相対立するどろどろした事態に陥ることもある。書名の『個と組織を生かす』は，実は筆者が携わっていた事業の理念をあらわす標語であるが，個と組織の共生の促進とともに敵対をシナジーに転じさせる綱渡りも意味するように思える。これをテーマとするには，組織を支える機能としてのリーダーシップ，またリーダーというキャリアステージに言及されてしかるべきであろう。筆者自身もテキストとして利用するなかで，この不足を感じてきた。この思いは上梓とほとんど同時に抱いてきた反省ではある。

　金子書房の井上誠編集部長との別件での打ち合わせの際に，ついこの思いをこぼしたところ，間髪を入れず改訂増補に背中を押されるに至った。「リーダーシップ」の章を追加しただけでなく，キャリア環境の推移に合わせた改訂，さらに一部内容の変更，細かな推敲に及び，大変ご面倒をおかけすることになってしまった。ここに記して深謝申し上げる次第である。

2014年12月

　　　　　　　　　　　　　　　　　　　　　　　　　　　二　村　英　幸

はじめに

　「職業」に相当する英語は vocation, occupation の言葉がある。英和辞典で調べてみると，vocation は，「神の思し召し，召命。天職，聖職」などとある。これに対して occupation は，「職業，仕事」とされ，日本語の「職業」に最も近い語と解説されている（ジーニアス英和大辞典）。日本語ではこれらの意味を厳密に使い分ける場面はあまり多くないように思われるが，二つの語に含まれるニュアンスの違いは理解できよう。前者は，自分はこの仕事をするために生まれてきたなど，自己の内面における仕事の意味に焦点が当たる場合にあてはまる。後者は，社会における役割としての職業の意味合いが強いように思われる。

　では，キャリア（career）の用語はいかがであろう。キャリアは，カタカナであらわさなくても，「職業」あるいは「職業生活」の用語でも良いようであるが，それなりの含意も存在しているように感じられる。vocation のように，心の内面にのみ焦点が当たるのではなく，外的な仕事の履歴も含んでいるように思われる。上述の辞典では，「（一生の）経歴，生涯，履歴」と説明されており，職業を超えて個人生活も視野に入れられて，個人の内面の気持ちの動きと仕事の履歴の両面を含んでいるようである。職業には精神性と社会性，経済性の側面があるが，キャリアはそれらを統合的にあらわす用語と言えそうである。

　つまり，精神面が強調される内的キャリアと経歴としての外的キャリアの両面が関連づけられ，職業に関するさまざまな意味を包括的に扱おうとするのがキャリアということになる。もちろん，本書はこのキャリアの用語とスタンスで展開されている。

なぜキャリアか

　「キャリア」という用語が誕生したのはかなり以前のことであるが，一般用語として定着したのは 1990 年代後半以降のいわゆる平成の不況期以降である。1980 年代に生まれた人にとっては，もの心がついたときには一般用語として

存在していたわけで，目新しい言葉ではないかもしれない。

ここまで浸透したのには社会経済的な背景があったように思われる。「キャリア」というと上記のような含意があるが，言葉のイメージには美しい響きを感じる。「職業生活」というと，何やら抑制的で束縛されるなどとネガティブにイメージされやすい。つまり，経済の破綻に伴い雇用不安が高まった当時の情勢の中で，悲観的になりがちな社会に対して，気分を立て直して働いて欲しいとの激励が必要であった。組織が市場競争でサバイバルするためには，厳しい労働環境や条件を強いざるを得なかったのである。

最も，こうした事情がなかったとしても，働くことは，楽しいことばかりではない。ときには無理がたたって体を壊してしまうことさえある。行き過ぎることのないよう，社会政策として，法律で守ったり，育児，介護などの個人的な事情に対して配慮したりしていることは，そうした厳しい事情を物語っている。

それがキャリアというカタカナによって，何やら夢や希望がイメージされるようで不思議である。本来，厳しくハードであることをカモフラージュするための用語であると考えたくなるほどである。

「良く働くこと」と「良く働かせること」

しかし，もう少しポジティブな見方もできる。社会経済の発展に伴い，精神文化的なものへの関心が高まってきて，単に働くというだけでなく，「良く働きたい」という気持ちの高まりである。

もちろん，「良く働く」とは長時間働くという意味ではなく，美しくかつ実り多く働くということである。キャリアの美しい響きそのものを追求するもので，働くことから得られる満足とやりがいの獲得に焦点が当たる。働くことには辛いこともあり，どろどろの世界であったとしても，そこから自分らしさを見出し，社会，組織，仲間との関係性を築いて健全なキャリア発達を実現させている人も少なくない。良く働くことによって良い個人生活が営まれ，良い個人生活によって良く働くという相互に良い影響を与えられるはずである。このシナジーを目指す視点は，キャリアという美しい響きにふさわしい。

さらに，単に個人の問題としてだけでなく，組織や社会の発展においても目標となる。「良く働かせること」は，組織や社会の目標でもあるはずである。

はじめに

　組織のために個人が犠牲になって働くのでは，組織にとっても，少なくとも長い目でみれば好ましいことではなかろう。組織は長期的な存在で，その組織が個人の犠牲の積み重ねで成り立つはずはない。

　個人と組織の思いは一致し，良く働くことは良く働かせることと重なってきている，ということになる。これは理想論としての議論でなく，現実の経営課題としてのアプローチとなってきている。メンバーを管理，統制して働かせるやり方は，複雑で変化の激しい社会経済の動きの中では限界がある。メンバーの個性と能力を最大限に開放させ，広く社会に羽ばたかせるところにこそ，長期的・継続的な価値創造をする存在としての組織がある。

人材マネジメントにおける管理統制から自律支援へ

　しかしながら，良く働くことは簡単ではない。働くための能力やスキルを獲得する努力も必要であるし，自由であるが自律的に働くことはハードなものである。もともと働くことのどろどろは，どのように美しい言葉に言い換えても消し去ることのできない本質であろう。働く人の数は，そうしたどろどろの中でがんばっている人のほうが多いのかもしれないし，働く機会を得る段階で壁に直面している人も少なくない。自律的に立ち向かい，自らの役割を得て結果を自らの責任として受け止めることのできる人は，残念ながら数少ないと言わざるを得ない。

　キャリアにかかわる悩みや不安，また不満などは，当人の努力と職場の上司，同僚，友人，家族などとの関係性によって解消されていく。個人を支えるための組織的な体制が準備されることも増えてきた。こうした支援の体制は大手企業で働く少数者のもので，多くの人にとっては縁遠いことかもしれない。しかし，この方向感は中堅企業においても目指すべき確かな目標のように思われる。期待する成果は明示しつつ，そのプロセスは個性を寛容に受け容れて，必要な支援を徹底するやり方である。

　ここに良く働くことと良く働かせることが統合される。良く働くというキャリア発達の視点は，個人の内面にかかわることで心理学の領域のことがらである。一方，良く働かせるという視点は，経営学の領域のことがらである。両者は，コインの表と裏の関係のようで，必ずしも相性が良くない。表からは裏が見えず，裏からは表が見えないからであろうか。それをあえて一体として考え

る視点に立つとき，人材マネジメントの進むべき解が得られるように思う。

本書の展開

　本書の構成は，まずキャリアから始め，第1章から第5章までがキャリア発達理論に焦点を当てる。つぎに，第6章から第7章が個と組織との関係にかかわるテーマ，そして第8章から第11章でキャリア発達の自律を支える人材マネジメントについて解説する。最終章の第12章は，全体の総括としてキャリア発達論を軸とした人材マネジメントのあり方について討論を促し，キャリアのもつ意味をまとめる。

　本書は上述の新しいキャリアの概念を軸とする人材マネジメントのパラダイムを支持するものではあるが，キャリア発達にかかわる知見は心理学で蓄えられてきているし，人材マネジメントは経営学の領域で研究が進んでいるもので，知識としてとくに新しいものではない。本書では，両者を統合させる視点を提示するに留め，これまでの学問の蓄積をできるだけ忠実に紹介して体系化の思索を読者に委ねた。さらなる研究意欲には，入手しやすい主な文献の紹介で応えている。

　したがって本書は，大学においてはキャリアの経験がない学生，企業においては経験の浅い人事教育の新任担当者のテキストという性格を帯びていることになる。キャリア発達と人材マネジメントに関する体系的な理解と洞察を広く促すことができれば幸いである。

改訂増補版の刊行にあたって　i
はじめに　ii

1章　キャリアとは　1

1節　働くということ　1
1) 人はなぜ働くのか　1
2) 学びの単線からキャリアの複線へ　2

2節　多様な働き方　3
1) 職業の数，働く人の数　3
2) 就業形態・キャリアパターン　4

3節　サイクルという捉え方　5
1) キャリアサイクル論の誕生　5
2) キャリアサイクル論の発展　6
3) 組織内のキャリアサイクルとライフサイクルの統合的な理論　7
4) 中年期の研究にもとづくライフサイクル論　8
5) 深い分析にもとづく8段階のライフサイクル論　9

コラム　専門家と経営管理者と自由業　12

2章　年齢層別のキャリア発達課題　13

1節　若年層のキャリア　13
1) 若年層のキャリア発達課題　13
2) 若年層のキャリアにかかわる社会問題　14
3) 若年層のキャリアにかかわる人材マネジメントの問題　15

2節　中年層のキャリア　15
1) 中年層のキャリア発達課題　15
2) アイデンティティの再構築　16

3節　熟年層のキャリア　17
1) 熟年層のキャリア発達課題　17
2) 世代継承性　17

4節　老年層のキャリア　18
　　　　1）老年層のキャリア発達課題　18
　　　　2）多様な定年退職の受け止め方　19
　　5節　女性のキャリア　20
　　　　1）女性のキャリア発達課題　20
　　　　2）女性の発達課題の社会的背景　21
　　　　3）女性の発達課題と人権問題　22
　　　　4）女性のキャリア発達課題とマネジメント　22
　　コラム　発達と退行　24

3章　キャリア・トランジション　25

　　1節　キャリアの節目における危険と機会　25
　　　　1）キャリア・トランジションとは　25
　　　　2）2種類のキャリア・トランジション　26
　　　　3）キャリア・トランジションにおける4つの課題　26
　　2節　トランジションのプロセス　27
　　　　1）「終わり→空白→はじまり」の3ステップ：ブリッジス　27
　　　　2）「準備→遭遇→適応→安定化」のサイクル：ニコルソン　29
　　　　3）最初に経験するキャリア・トランジション　30
　　3節　キャリア・トランジションとアイデンティティ　31
　　　　1）アイデンティティという概念　31
　　　　2）繰り返すアイデンティティの揺らぎと再確立　32
　　　　3）アイデンティティの状態　33
　　　　4）アイデンティティの発達　35
　　コラム　4つのS　36

4章　キャリア発達の理論　37

　　1節　個人特性と職業のマッチングに注目したアプローチ　37
　　　　1）個人特性論の背景　37
　　　　2）個人特性に焦点を当てたいくつかの研究　38
　　2節　個人と環境との相互作用を強調するアプローチ　39
　　　　1）キャリアアンカーと役割プランニング：シャイン　39

2）職業的パーソナリティ：ホランド　41
　3節　職業選択のプロセスに注目するアプローチ　44
　　　1）意思決定過程としての職業選択：ジェラット　44
　　　2）自己効力感の概念：バンデューラ　45
　　　3）自己効力感をもとにしたキャリア発達論①：クランボルツ　47
　　　4）自己効力感をもとにしたキャリア発達論②：
　　　　 社会認知的キャリア理論　48
　4節　キャリア・ライフの統合をめざすアプローチ　49
　　　1）自己語りに注目するキャリア適応の理論：サビカス　49
　　　2）統合的ライフプランニングの理論：ハンセン　51
　コラム　個人のキャリア発達と組織の経営戦略　53

5章　キャリア・ストレス　55
　1節　キャリア・ストレスとは　55
　　　1）ストレスとは　55
　　　2）初期のストレス研究　55
　　　3）ストレスと疾病との因果関係をあらわすモデル：因果関係モデル　57
　　　4）個人―環境の適合性をもとにしたモデル：個人―環境適合モデル　59
　　　5）職務の質・量と裁量範囲のバランスにもとづくモデル：要求―コントロールモデル　59
　2節　ストレス反応　60
　　　1）3種類のストレス反応　60
　　　2）ストレスと生産性　61
　　　3）ワーク・エンゲイジメント，ワーカホリズム，バーンアウト　62
　　　4）ソーシャルサポート　63
　3節　メンタルヘルス　64
　　　1）メンタルヘルスとは　64
　　　2）メンタルヘルスの障害　65
　　　3）メンタルヘルスのための予防と対処　65
　コラム　「良いがまん」と「悪いがまん」　68

6章　個と組織とキャリア　69

1節　組織におけるキャリア　69
　　1）組織内のキャリア　69
　　2）キャリア・ラダーとキャリア・パス　70
2節　組織人としてのキャリア　72
　　1）組織社会化　72
　　2）組織コミットメント　73
　　3）職務満足　76
　　4）会社人間と自律的組織人　78
3節　ワークライフ・バランス　79
　　1）キャリアデザインとしてのワークライフ・バランス　79
　　2）メンタルヘルスとしてのワークライフ・バランス　81
　　3）人材マネジメントとしてのワークライフ・バランス　81
　　4）社会政策としてのワークライフ・バランス　82
コラム　エンプロイアビリティとエンプロイメンタビリティ　83

7章　ワーク・モチベーション　85

1節　経営における人間観　85
　　1）経済人的人間観：テイラー　85
　　2）社会人的人間観：メーヨー，レスリスバーガー　86
　　3）自己実現人的人間観：マクレガー，アージリス　87
　　4）複雑人という人間観：シャイン　88
2節　ワーク・モチベーションの理論　89
　　1）ワーク・モチベーションとは　89
　　2）欲求理論　89
　　3）公平理論　93
　　4）期待理論　95
　　5）目標設定理論　96
　　6）高次の欲求に注目した理論　97
コラム　モチベーションとキャリア自律　100

8章　リーダーシップ　101

1節　リーダーシップとキャリア発達　101

　　　　1) リーダーシップとは　101
　　　　2) リーダーシップとキャリア　102
　　2節　リーダーシップのさまざまな理論　103
　　　　1) 特性論　103
　　　　2) 行動論　103
　　　　3) 状況論　105
　　3節　組織の方向を転換させるリーダーシップ　107
　　　　1) キャリア環境の変化　107
　　　　2) 交流的リーダーシップ　108
　　　　3) 変革的リーダーシップ　108
　　　　4) サーバントリーダーシップ　109
　　　　5) リーダーシップ論の推移とまとめ　110
　　コラム　『構造づくり』と『構造こわし』　111

9章　人材マネジメントにおけるキャリア発達支援　113
　　1節　人材マネジメントとは　113
　　　　1) 人材マネジメント小史　113
　　　　2) 経営における人材マネジメント　114
　　　　3) 人材マネジメントの展開　115
　　2節　教育研修によるキャリア発達支援　116
　　　　1) 教育研修のあらまし　116
　　　　2) キャリア研修プログラム例　119
　　　　3) 多面観察評価ツールによるキャリア発達支援　120
　　3節　目標管理によるキャリア発達支援　123
　　　　1) 目標管理とは　123
　　　　2) 目標管理によるキャリア発達支援　124
　　　　3) メンタリングやコーチング　125
　　4節　キャリア自律支援のマネジメント　128
　　　　1) キャリア自律支援の人事制度　128
　　　　2) キャリア自律支援に対する多角的・長期的アプローチ　129
　　　　3) キャリアの自律支援が指向される背景　130
　　コラム　組織の求心力と遠心力　132

10章 キャリア・カウンセリング 133

1節 キャリア・カウンセリングのあらまし 133
1) キャリア・カウンセリングの関連用語 133
2) キャリア・カウンセリングとは 134
3) キャリア・カウンセリングの必要性 136

2節 キャリア・カウンセリングの理論と展開 137
1) キャリア・カウンセリングの理論 137
2) カウンセラーの基本的な姿勢 138
3) カウンセリングの基本的なスキル 140
4) キャリア・カウンセリングのプロセス 141

3節 キャリア・カウンセラーの役割と資格 144
1) キャリア・カウンセラーの役割 144
2) キャリア・カウンセラーに求められる能力 146
3) キャリア・カウンセラーの資格 147

コラム　キャリア物語の話し手と聴き手 149

11章 キャリア・アセスメント 151

1節 キャリア・アセスメントとは 151
1) アセスメントの目的 151
2) アセスメントの方法 152

2節 個性を捉える枠組み 152
1) 能力の捉え方 153
2) 性格の捉え方 155
3) コンピテンシー 156
4) 適性 158

3節 キャリア・アセスメントのツール 159
1) 適性検査によるアセスメント 160
2) CACGS：Computer Assisted Career Guidance System 161
3) 適性検査の信頼性と妥当性 162

4節 キャリア・アセスメントの展開 165
1) 教育研修における適性検査の展開 165

2）キャリア・カウンセリングにおける適性検査の展開　166
　　　3）キャリア・ガイダンスにおける適性検査の展開　167
　　　4）標準化されていないアセスメントの展開　168
　　コラム　IQ と EQ　174

12章　キャリア発達の心理学と人材マネジメント：総括　175

　1節　新しい人材マネジメント観　175
　　　1）個と組織の関係観　175
　　　2）キャリア自律支援を軸とした人材マネジメント　177
　2節　新しいキャリア観・能力観　178
　　　1）バウンダリーレス・キャリア　179
　　　2）人間力・社会人基礎力という考え方　179
　3節　キャリア・サクセス　181
　　　1）内的キャリアと外的キャリア　182
　　　2）キャリア・サクセスの基準　183
　4節　再びキャリアとは　184
　　　1）キャリアの定義　185
　　　2）キャリアの意味するもの　186
　　コラム　ディーセントワーク　188

引用・参考文献　189
あとがき　201
事項索引　202
人名索引　205

キャリアとは

　キャリアという言葉は，1950年代に米国で職業心理学の領域で用いられるようになり，それが日本にも移入された用語である。当初は術語であったが1990年代半ばころより，急激に広く一般用語としても用いられるようになったものである。1990年代と言えば，日本経済が破綻に直面した時代である。そこでは，組織が雇用の維持を重荷に感じて働く個人にキャリアの自立を求め，一方で優れた人材の確保の重要性を痛感するなど，従来の雇用システムのあり方が大きく問い直された。そうした社会情勢を背景にして，会社という組織の存在意義や個人には働くことの意味，さらに，個人と組織の関係のあり方などの問題に対してさまざまな側面から焦点が当てられるところとなったのである。

　こうした問題のすべてがキャリアにかかわるテーマと言ってよく，心理学はもとより，社会学，経営学など，多様な領域で話題となる。このような状況の中でキャリアとは何かという問いに対する解は難しいが，それでもキャリアに関する研究者によって，多くの定義が試みられている。しかし，ここは，定義問題は棚上げにしておき，「キャリアは職業，あるいは職業生活のこと」とアバウトに考えておきたい。定義の問題は本書の最後にもう一度，振り返って考えることにしておこう。本書では，キャリアと職業，あるいは職業生活の用語を文脈によって適宜使うこととする。

1節　働くということ

1）人はなぜ働くのか

　キャリアとは働くことの積み重ねや将来への展望ということであるが，なぜ働くのかの問いは，決してやさしくはない。働いたことのない人には，とりわけ難しいし，職業に就いている人も即答できる人は多くない。仕事の経験から

働くことの意味や職業の意味を自分なりに感じ取っていることが多いものの言語化されていなかったり日常的にいつも考えていることでないからであろう。

その人なりの働くことやキャリアにかかわる思いが内面にはあって，それなりに内観をすると，ふつふつとわき上がってくる性質のものである。確かな持論になっているかは別としても，一度や二度は働くことの意味について考えさせられることがあるものである。ときには，それが職業にかかわる哲学といっても良いものになることもあるし，大きな節目や事件を経過することによって変化することもある。また，同じ職業でも個人によってその様相はさまざまで，正解があるような代物でもない。

『仕事は生きがいだ』，『未来の夢をかなえる手段だ』，『日々，好奇心を満たすものだ』などなど多様であろう。こうしたキャリアはどのように展開されるものか，そこにはどのような課題があるのか，組織との関連においてどのような展開があり，どのような課題があるか，そして組織は個人のキャリアの発達に対してどのようなかかわりがあるのか，あるいはどのように支援するべきであるかを探求するのが本書のテーマである。

2） 学びの単線からキャリアの複線へ

キャリアを少しでも実感を持って捉えるために，学生から社会に出て一つの持論を持つに至るプロセスを図で示してみよう（図1-1）。学生時代はキャリアの準備期間であるが，人生の一つの過程と考えればライフキャリアの一プロセスには間違いなかろう。

学生時代の課題は，言うまでもなく学びである。勉学に対する姿勢や活動内容には個人差があろうが，そこに含まれる価値は大筋で「学び」一つである。大学受験に際しては偏差値を上げることの一点と言っても過言ではなかろう。大学生になると，勉学に価値を置くことには相違ないものの，活動に自由度が高まることによってクラブ・サークル活動，あるいはアルバイトなども加わって少し幅が広がる。そして，卒業に当たって，社会における多様なコミュニティから一つを選択し，そこで何らかの役割を獲得する。

キャリアの世界は，学生時代とは比べようもない複線化された環境で，いずれか一つを選択し，他は断念するということになる。ときには意思とかけ離れたコミュニティに追いやられることもある。その選択過程によって，自分が他

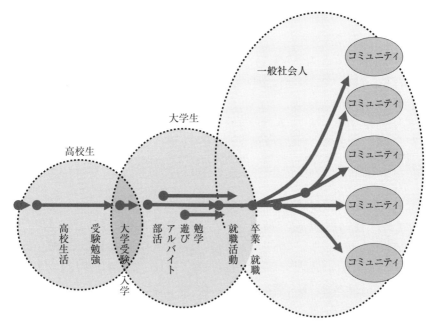

図1-1　学生から社会人へのキャリア発達プロセス

と異なり，自分ならではの世界ができたと認識し，社会における自分の役割や位置を獲得することになる。働くことの意味づけ論議は，そうしたプロセスを経て結晶化された重みのある言葉と言えよう。

2節　多様な働き方

1）職業の数，働く人の数

　社会には，多様な職業がある。日本の職業にどのようなものがあるかは，総務省の日本標準職業分類にある。大分類として，管理，専門・技術，事務，販売，サービス，保安，農林漁業，生産，輸送・機械運転，建設・採掘，運搬・清掃・包装等，分類不能の12のカテゴリーが設けられている。大分類に続いて，74の中分類，さらに329の小分類からなる体系が示されている。そして，実践にも使いやすくするために，厚生労働省（2011）によって，もう一段と細かく，細分類として892の職業があげられている。これらは，これまでも社会

の発展に合わせて改訂されてきているが，今後も新しく生まれた職業が加えられていくことになろう。

　では働いている人はどの程度いるのであろうか。農林水産業，自営業者も含めて，約6,300万人（男性約3,600万人，女性約2,700万人）とされる（総理府統計局，2014）。

　すなわち，日本にはこれだけの数の職業があり，これだけの数の働く人がいて，その数だけ働くことに対する思いが存在していると言ってよい。一つ一つの職業が生きており，働くこと一つ一つが尊い活動と言えよう。

2）就業形態・キャリアパターン

　働き方，すなわち就業形態やキャリアパターンも多様である（図1-2）。社会が成熟化し複雑になっており，社会的な役割や専門性が分化してきているのである。従来は，自営業のほかは，組織で働く社員・職員かアルバイトが選択肢であった。それが，自営業にも商店などの経営などのほか，フリーランサー，インディペンデントコントラクターなど，個人で組織と契約をして仕事を請け負う働き方も増えてきている。

　雇用される場合も，その形態が多様化している。いわゆる正社員としての正規雇用のほか，非正規雇用の形態が増えている。非正規雇用にも，働く期間などが限定されているアルバイト，パート，契約社員などの直接雇用と業務請負

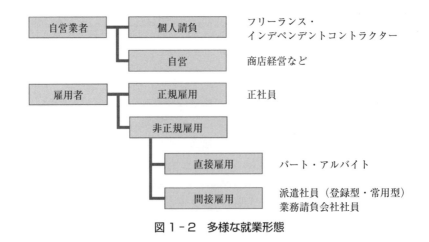

図1-2　多様な就業形態

会社による委託業務や派遣会社による派遣として働く間接雇用に分類される。

また，キャリアパターンも多様化している。従来は，学生→職業生活→引退というパターンがほとんどであったものが，学生→職業生活→学生→職業生活→引退→学生など，職業に就いてから学生に戻ったり資格の取得に励んだりするケースが増え，多様なパターンが見られるようになった。キャリア形成を自律的に展開させていこうとする動きで，それを受け入れる風土や具体的な受け皿となる機関も増えてきている。

このように働き方やキャリアのパターンが多様化しており，そこにはキャリア形成上のさまざまな課題も生じてきている。

3節　サイクルという捉え方

人は加齢とともに成人し，そして成人としての経験を積んで老いていく。このことは改めて論じる必要もないほど，自明なことであろう。しかし，変化するそれぞれの年齢段階で，どのようなできごとが起き，どのような課題に直面するかは個別の問題であるが，その一般的なモデルを示す努力も古くからなされており，意味のあることでもあろう。加齢による変化を意識し，道しるべが得られるからである。論語の年齢段階ごとの教えである「十五にして学を志す」「三十にして立つ」「四十にして惑わず」「五十にして天命を知る」「六十にして耳順う」「七十にして心の欲するところに従って矩を越えず」などが繰り返し引用されるのもそうした背景があるからであろう。

人生の加齢に伴う変化や課題の移り変わりのモデルは，ライフサイクル論と呼ばれる。「サイクル」という用語は，もともとディベロップメント（開発，あるいは発達）と語源が同じとのことである。つまり，人生には加齢に伴う変化があり，そこには質的に異なる段階のパターンが存在するものということである。必ずしも，桜が咲き，散り，また再び季節がめぐり咲く，といった循環を意味するものではない。

1）　キャリアサイクル論の誕生

エコノミストであったギンズバーグは，職業選択行動を理論的に説明する必要があるとして，最初にキャリア発達の理論を提唱した（Ginzberg, 1951）。

その理論の骨子は，つぎの4点で説明される。
　①職業の選択は長期の発達的な過程である。
　②キャリア発達の過程は，逆行することはできない性質がある。
　③興味，能力，価値意識，職業選択の機会などが調整されて展開される。
　④大人になる以前の空想的な段階，興味によってなされる暫定的な希望の段階，現実に職業選択をする段階の3段階で展開される。
　この理論は，職業心理学者にも大きな影響を与え，スーパーの本格的なキャリアサイクル論へと発展していくこととなる。

2）　キャリアサイクル論の発展

　職業心理学の草分け的存在であるスーパーは，それまでの個人特性の適合論やギンズバーグの原初的なサイクル論を踏まえて，キャリアサイクル論を発展させ，生涯発達を自己概念の変化と捉えた理論を展開している（Super, 1953）。
　スーパーは，さらに職業と直接関連のない生活全体に注目して，サイクル論を展開している（Super, 1984）。そこでは，キャリアサイクルを①成長（〜14歳）：興味関心・態度・能力などに関する自己認識を育む，②探索（15〜24歳）：自分に合った職業を探し絞り込んでいく，③確立（25〜44歳）：職業に就き試行を経て定着していく，④維持（45〜64歳）：職業上の自己の役割・責任を果たしつつ新たな変化に適応していく，⑤衰退（65歳〜）：職業から離れ，新しい生活に適応していく，という5段階で説明している。これは生涯にわたるサイクルであるが，各段階の移行期にもこの成長→探索→確立→維持→衰退のサイクルがあると考えられている。生涯にわたるサイクルを「マキシサイクル」，移行期のそれを「ミニサイクル」と名づけている。
　そして個人的な生活と職業生活の全体を統合的に示す図であらわしている（図1-3）。「ライフ・キャリアの虹」と呼ばれるモデルで，成長段階から衰退期の5段階を示すと同時に，加齢とともに家族の中で，あるいは社会の中で果たす役割を子ども，学生，余暇享受者，市民，労働者，家庭人などとして位置づけ，それらを「ライフロール」とした。それぞれのライフスパンで果たすべき役割の大きさをライフロールの幅（図1-3の網がけ部分）によって示した。年齢段階と役割が虹のように展開されていく様子を視覚的に分かりやすくモデル化したわけである。キャリアの展開のみでなく，現実の人生全体を理解でき

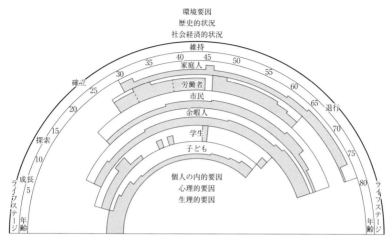

図1-3 ライフ・キャリアの虹 (Super, 1984, p. 201)

る点が分かりやすい。専業主婦など職業から離れることの多い女性にもあてはまり，受け入れられやすい点が特徴となっている。

このように，スーパーは自己概念の展開からさらに社会との相互作用や適応の視点を採りいれ，カウンセリングの実践と多くの研究を重ね，後世に多大な影響を与えている。後述のキャリア発達理論の基礎を固めた存在ということができよう（National Career Development Association, 1994）。

3) 組織内のキャリアサイクルとライフサイクルの統合的な理論

キャリア，とりわけ組織とのかかわりの視点から整理したキャリアサイクルのモデルをみてみよう。シャインは，組織におけるキャリア発達に焦点を当てて，つぎの9つの段階によって説明している（Schein, 1978）。

①成人するまでの「成長・空想・探求期」
②最初の職業生活への第一歩としての「初職の段階（エントリー段階）」
③初期的な仕事の仕方を学ぶ時期としての「基本訓練段階」
④初心者の時期としての「初級社員の段階」
⑤責任ある中堅としての「中堅社員の段階」
⑥その後のキャリアの方向を再選択する「中年の危機の段階」
⑦キャリア後期における指導者層としての「指導者層の段階」

1章 キャリアとは

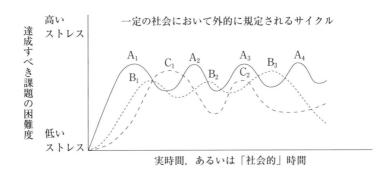

図1-4 個人・家族・仕事の相互作用を示すモデル
(Schein, 1978/二村・三善訳, 1991, p. 27)

⑧組織から離れ始める時期としての「衰えと離脱の段階」
⑨後進に道を譲る時期としての「引退の段階」

これは30年以上も以前に示されたモデルであるが，大筋では現在でも当てはまるように思われ，キャリアサイクルの普遍性を感じさせる。

シャインは，こうしたキャリアにおける組織とのかかわりのみでなく，ライフ・キャリアを統合的に説明する視点も提供している。①生物学的・社会的サイクル，②家族関係におけるサイクル，③仕事・キャリア形成におけるサイクルとして，3つのサイクルをモデル図で示している（図1-4）。3つのサイクルが相互に影響し合いながら，ライフ全体の発達の様相を作り出すものと捉える。3つのサイクルが相互に影響し合い，サイクルの波が重なると，そのうねりは大きなものになるとしている。確かに，家族の状況が職業の選択に影響を与えるし，仕事の状況が家族や個人の成長に影響を与えないはずはなかろう。

4) 中年期の研究にもとづくライフサイクル論

レビンソンは，成人後の加齢の変化に注目して体系立てたライフサイクル論

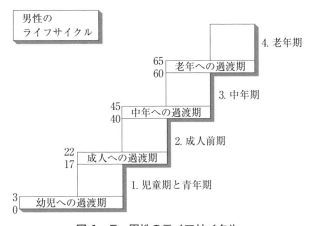

図 1-5　男性のライフサイクル
(Levinson, 1978/南訳，1992, p. 48)

を提唱しており，わが国にも広く紹介されている（Levinson, 1978/南訳，1992）。精神医学者でもあった彼は，当初，35歳から45歳の男性にインタビューして中年期の心理を分析したが，その後成人全体の期間を対象にすることとなった。中年期を分析することによって，幼児期からの変化の結果としてのみ捉えるのではなく，変化し続ける存在として理解を深めていったためである。レビンソンのライフサイクル論は，成人後のパターンが4つの段階で説明されている。すなわち，「未成人期」（幼児～22歳），「成人前期」（17歳～45歳まで），「中年期」（40歳～65歳まで），「老年期」（60歳以降）で，それぞれの段階間の重なりは過渡期とした（図1-5）。余命が長くなってきているため，4つの段階よりも細かく段階を設けるほうが良いようにも思えるが，こうした変化や変化の段階パターンでサイクルの大筋が検証をもとに示されたことに意義があろう。

5) 深い分析にもとづく8段階のライフサイクル論

つぎに幅広く紹介されている他のライフサイクル論に触れておこう。エリクソンは，自らの家庭の複雑な出自を背景にして，精神分析学の影響を受けながら，人生を8つの段階とそれぞれの段階における乗り越えるべき課題を指摘した（Erikson, 1982）。彼が80歳になったときの著作では，実経験にもとづいた

深い洞察であるが，それだけに理解が難しい含蓄のある内容になっている。図1-6の対角線のセルに各段階の乗り越えるべき課題テーマが示され，それが克服されない場合は，後々までその課題が残存してつぎの発達課題に進むことが難しいとされた。

キャリアにかかわるのは，主に初期的なキャリア段階に入る「青年期」から「前成人期」「成人期」「老年期」にわたる4つの段階であろう。青年期は，「アイデンティティの確立」がテーマである。アイデンティティとは，「自分とは何者か」の自らの問いに対して一貫した解を得ることである。それまでの育ってきた経験のすべてを自分のものとして受け容れたり，仲間との位置関係を作り上げたりすることで，さらに社会の中での職業的な役割を獲得することも含まれる。つまり，自分らしさを自分なりに認識し，周囲との関係や社会における地位や役割を獲得することである。

前成人期は，「親密性の獲得」がテーマとされ，これがうまくいかない場合には孤立に陥るとされる。すなわち，男女の出会いと家族関係の構築を意味す

段階		1	2	3	4	5	6	7	8
老年期	VIII								統合 対 絶望，嫌悪 英知
成人期	VII							生殖性 対 停滞 世話	
前成人期	VI						親密 対 孤立 愛		
青年期	V					同一性 対 同一性混乱 忠誠			
学童期	IV				勤勉性 対 劣等感 適格				
遊戯期	III			自主性 対 罪悪感 目的					
幼児期初期	II		自律性 対 恥，疑惑 意志						
乳児期	I	基本的信頼 対 基本的不信 希望							

図1-6 生涯にわたる発達モデル
(Erikson, 1982／村瀬・近藤訳, 1989, p. 73)

るものである。キャリアとのかかわりでは，職業生活としての基盤の獲得ということになろう。

　成人期は，「世代継承性の発揮」がテーマとされる。次の世代を支えていく子どもや若者を育んでいくことに積極的にかかわっていく姿勢を意味する。これがうまくいかないと，活動に発展性を失った停滞が待ち受けるとされる（第2章参照）。

　老年期は，死を意識せざるを得ない世代で，それまでの過去の経験すべてを受け容れ，日常の家族や社会を超えた広く大きな人類・世界へ関心を拡大させていくこと，すなわち「自我の統合観」がテーマとなる。死を意識する不安は否定しようがないが，それを超える難題であり，不調な場合に絶望感に陥るとされる。

　エリクソンのライフサイクル論は難解ではあるが，生きることの本質に迫るモデルとして広く紹介されている。ちなみに，昨今の長寿社会を考えると，老年期をさらに分割するなどによって9段階目を設けたほうが理解しやすいように感じられるのではなかろうか。実は，もとよりエリクソンも同様の感触をすでに持っていたようで，遺志を受け継ぐように妻のジョウンによって9段階目が追加され，増補版が出版されている（Erikson & Erikson, 1997）。この老年期の問題は後に詳述する。

コラム

専門家と経営管理者と自由業

キャリア，すなわち職業生活は，学生から社会に出るところから始まり，社会的な役割を担いながら徐々に専門性を身につけていくプロセスと捉えることができる（図1-7）。また，そのプロセスが組織の中で展開される場合と，組織とは無関係に自立的に進められる場合があり，その距離感のとり方は一つのポイントとなる。

社会の一員として認められる専門性を獲得する方法に，自立的に獲得していく方法（自営）と会社や団体などの組織の一員となる方法（雇用）とがある。多くのケースでは，とくに当初は後者で，組織に雇用されて配置された職場で自分の役割を果たしながら専門性を高めていく。そして組織を運営する役割を得て，異動によりいくつかの仕事を経験しつつ経営管理職のキャリアを獲得する。また，専門性をさらに伸ばすことによって組織に貢献していく専門職のキャリアもある。

さらに，身につけた専門性を組織から離れて活かす転職を経験するキャリアもある。培った専門性や経験を活かして起業したり，フリーランサー，あるいはインディペンデントコントラクターとして自立するキャリアである。こうした専門性を持って自立するキャリアは，組織を経て起業するほか，組織での経験を経ない場合もある。医師，弁護士など国家資格を得る自由業である。ちなみに，派遣，契約社員などの非正規社員として組織とかかわり続けていくのは，専門性を発達させることが難しく，また組織との関係性も深める機会の少ないキャリアということになる。

それぞれ社会，組織とのかかわりを持ってキャリアを作り上げていく過程で，そこには競争，協働，協力，命令，指示，指導，支持，支援などさまざまな人とさまざまなかかわりがある。それらの中から，自らの意思と責任でキャリアが方向づけられている。

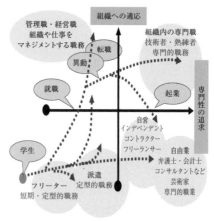

図1-7　専門性の獲得と組織への適応

年齢層別のキャリア発達課題

　キャリアサイクルの中で，一般にどのようなことが起きるかを理解しておくことは，人材マネジメントにとっても，またキャリアの学習にとっても必須である。年齢層などに区切って，それぞれのキャリア発達課題とその背景を整理しておこう。

1節　若年層のキャリア

　若年層は，20歳代を中心とするキャリアの初期に相当する。若年層のキャリア発達課題は，キャリアという見知らぬ世界の空想から現実の世界への突入にある。つまり，学生から社会人への旅立ちを果たすことである。読者は，すでに経験した年齢段階か，あるいは進行途上であり，理解が難しくないであろう。

1）若年層のキャリア発達課題

　主なテーマは，学生から初期のキャリアに踏み出す大きな節目を通過することで，具体的には最初の就職である。形の上では明快であるが，内面の心理的プロセスはさほど単純ではない。職業を得るに際して，あるいは職業を得ることによってアイデンティティを確立させるプロセスで，前章で触れたエリクソンのライフサイクルにおける青年期の課題である。この課題におけるキーワードは，「多元性」と「相対性」であろう。まず，働くことは多様であり，それぞれに価値があるという多元的なものの見方，すなわち複数の正解のある世界の気づきと受容である。そして，自分の価値意識を見定めて，複数の正解から自分の正解を選択し，それを相対的に位置づける。

　学生時代には，勉学という唯一の目標が一律に与えられ，かつ目標到達に至

る道筋までも示されることが多い。そうした学生が，就職活動に際して多様なコミュニティに触れ，コミュニティがもつ価値の存在を知ることになる。大学生の生活でも，サークル活動やアルバイトなどで多元的な世界を多少は経験するものの，決定的なものではない。就職活動によって，初めて社会で活動する多様なコミュニティの存在を知り，それらが持つ目標，計画，ビジョンなどから複数の価値やスタイルの存在に気づかされる。

　もの作りに情熱を注ぐＡ社，流通の革新をし続けるＢ社，そして技術の蓄積に日々精進するＣさん，販売のスキルで顧客満足を引き出すＤさん，などなど多様なコミュニティと人間の生き方や個性を知り，複数の正解のある世界を受け容れる。それぞれに価値を持った複数の世界，すなわち相対的な世界の中に自分を位置づけて，人間関係の距離を見出したり社会における職業という役割を獲得したりするのである。

　多様な世界と多様な価値があることを受け容れ（多元性），その中に自分を位置づけ，自分なりの価値づけをすること（相対性）によって，アイデンティティを確立させていく過程と言える。こうした過程には不安や葛藤に襲われることも少なくなく，若年層固有の悩みとなる。これがいわゆるモラトリアムで，この危機を乗り越えて初めて，アイデンティティの確立に至るのである。

2) 若年層のキャリアにかかわる社会問題

　若年層において最初のキャリア獲得や社会適応が円滑に進められないケースが増え，社会問題となっている。キャリア獲得に挫折したり適応がうまくいかず，いわゆるフリーターに甘んじるケースが増えているのである。極端な場合は閉じこもりに至るなど，病的な様相を示すこともある。それが社会全体の労働力を弱体化させるばかりか，所得格差の拡大や固定化などさまざまな社会不安を引き起こすことが懸念されている。つまり若年層の初期的なキャリア獲得の不調は，社会的なコストとして無視し得なくなっているのである。企業の多くが，平成の不況時代にあって労務コストを圧縮するために，正規社員を減らし，いわゆる非正規労働によって代替させる施策を推し進めた結果とされる。

　こうした事態に対して，学校では早期からキャリア教育やインターンシップなど，学生に対するキャリア意識の醸成を促す施策がとられている。また，国策として厚生労働省を中心にして，制度の整備やさまざまな支援策が打ち出さ

れている。

3) 若年層のキャリアにかかわる人材マネジメントの問題

　平成の不況期において，正規社員数の抑制が不況から脱するための合理化が功を奏したとされるが，それが社会問題に発展しただけでなく，組織に新たなマネジメント課題を招来したことも指摘されている。社員一人当たりの負荷が過大になったためで，とりわけ管理者層の疲弊を招き，管理者の部下指導や統率に力を注ぐ余力をなくしたのである。こうしたマネジメントの弱体化が若年層の組織適応を難しくし，管理者層と若年層との世代ギャップを大きくさせた。そして世代間のコミュニケーションが難しくなったことから組織を支える優れた技能の伝承を困難にしたのである。

　つまり労務コストの圧縮策が，財務の改善効果と引き換えに，目に見えにくい組織の人的な資産や文化を弱める結果になったということである。このような反省から，近年では人を機械的に扱うことを戒め，個人の意思，意欲を尊重したり個人の事情に最大限に配慮したりするマネジメントが志向されるようになってきている。

2節　中年層のキャリア

　中年層は，30歳代から40歳代を中心とした，いわゆる働き盛りの時期である。中年以降のキャリアについて研究の対象となったのは，比較的最近のことである。成人後は安定期であり，研究の対象にはあまりならなかったが，研究が進むにつれて中年層以降のキャリア課題の大きさに焦点が当たるようになってきたのである。

1) 中年層のキャリア発達課題

　青年期に確立されたアイデンティティは，中年期以降，加齢に伴い期待や環境の変化が起きることが多く，さまざまな対応が求められる。成功体験を獲得したり困難に遭遇したりするなど，内面的な意識の変化や周囲の環境の変化にあって，アイデンティティを再度見直す課題に直面するのである。

　キャリアの進展に伴い社会，組織における役割期待が変化する。青年期に獲

得されたアイデンティティは，夢や希望をふくらませたり失敗経験によってあきらめてしまったりするなど，時の流れとともに，改めて自分を定義し直し，やるべきことを方向づけなければならない状況になりやすいのである。また，個人生活の環境も親からの離脱，結婚と家庭の獲得などの変化が起きる時期でもある。

中年以降のキャリアに焦点を当てたレビンソンは，一つの安定したキャリア段階は7, 8年を超えて続くことはないとしているほどである（Levinson, 1978）。

2) アイデンティティの再構築

こうしたアイデンティティの再構築過程は，つぎのように説明される（岡本，1997）。①自己の能力や衰えなど，変化と課題への気づき（変化の認識），②自分の人生の意味の問い直しと再定義の試み（方向転換の模索），③いくつかの模索の結果，周囲との新たな関係づくり（軌道修正と適応），④変化や周囲との新たな関係に慣れ，内的な再統合を果たす（アイデンティティの再確立）。

このプロセスは複雑かつダイナミックで，若年層における最初のキャリアの獲得よりも難題であることが多い。中年の心理の複雑さは，つぎの2人のインタビューの結果に示されている。ポジティブ，ネガティブ2つの典型的な事例が理解の助けになろう（岡本，1997, pp. 69-71）。

ポジティブな側面が強調されているケース：

『42歳のとき，1年間，単身で東京へ行ったが，あのころは精神的にガタガタしていた。今考えても転換期だったと思います。そのころまでは，過去の自分の環境や育ち，性格で気になることがずいぶんありました。が，5〜6年前から，それは育ちのせいだという気がしなくなった。過去の自分の生い立ちから独立した気がします。(48歳，男，高校教師)』

ネガティブな側面が強調されているケース：

『30歳代までは，今日の仕事は明日に延ばしたらいけないという観念があったが，今頃は，今日できることは明日にしようと考えてしまう。どんどんくたびれてくるからそうなるのかもしれない。仕事をより良くしようという考え方が，だんだん少なくなってきた。自分はもうこのくらいしかできない，できることをやればいいというようになってきました。(44歳，男，公務員)』

3節　熟年層のキャリア

熟年層は，50歳代以降を中心とする時期で，キャリアの最終的な仕上げの段階である。組織や社会における中核的な役割を果たすことが求めれることが多くなり，また家庭では子どもが自立したり，親が老齢化して介護が必要になったりするなど，新たな変化が起きて複雑な時期でもある。

1) **熟年層のキャリア発達課題**

熟年層における変化は多様である。①体力の限界感，②時間的な展望の狭まり，③生産性の限界感，④老いと死の漠然とした不安など，ネガティブな側面もあげられるが，⑤自己確立感と安定感の獲得といった，ポジティブな側面も指摘される（岡本，1985）。

それまでの経過時間よりも人生の終焉までの時間のほうが短いことを認めざるを得ない年代で，重たい問題が頭をかすめるであろう。エリクソンは，第8段階の老年期の課題を「自我の統合」としているが，熟年層の課題も含まれているように思われる。すなわち，社会における役割の基盤をいっそう確かなものにし，人生の先行きに絶望することなく内面を豊かに充実させていくべきステージということである。

映画監督であった新藤兼人が88歳のとき，つぎのように語っているのは，熟年層のキャリア課題の理解を助けてくれる。『人は老いれば，老いというものの中にいろんな問題を抱えます。金銭的に恵まれないとか，健康を害するといったことです。しかし，生き方の成り行きの中でそれらにまみれて自滅していくのはやはり悲しい。（中略）何のために生きるかという自分の意志や個性，生き方をしっかり持っていなければならないと思います』（日経ビジネス，2001.3.12., p.1）。

2) **世代継承性**

エリクソンは第7番目の時期を成人期としているが，この熟年層の課題が含

まれているように思われる。この段階は、自らが中心となって仕事を推進してきたものを、後進に引き継いで委ねていくことがテーマになるとされる。つまり、自らの蓄積を確かなものとして仕上げることと、それに留まらず、後進や社会全体のものとしていく姿勢が必要ということである。自分自身の夢を実現させるよりも、われわれ皆のヴィジョンを大切にして、価値あるものを遺していくことである。言い換えれば、価値判断の基準を自分から社会に移し、社会的に役に立つアイデアを生み出して育んでいくことに積極的に取り組む姿勢であり行動である。この課題をクリアできず、蓄積を個人のものとして誰にも伝えようとしなければ、社会はいずれ限界が訪れて停滞に陥ることになる。

この課題をエリクソンは「世代継承性（generativity）」と名づけた。生成（generation）と創造（creativity）を合わせたエリクソンの造語で、「世代性」、「生殖性」、「生成継承性」などの訳語もある。

4節　老年層のキャリア

老年層はいわゆる現役引退後の時期で、65歳以上に相当する人生の最終段階である。老いることの意味は必ずしも十分理解されず、無関心になったりイメージによる予断が多くなりがちである。それは死にかかわるテーマになり、正面から検討されることが少なく、忌み嫌われたり表だって語られなかったりするためであろう。しかしながら、老年期の意味は、人間存在の尊厳に迫る一面があり、キャリアの理解をいっそう奥深いものにしてくれる。

1）老年層のキャリア発達課題

老年層の研究は1980年代以降ようやく緒についたばかりのテーマである。レビンソンは中年層に焦点を当ててライフサイクル論を展開したが、「未成人期」（幼児〜22歳）、「成人前期」（17歳〜45歳まで）、「中年期」（40〜65歳まで）、「老年期」（60歳以降）としている（図1-5）。また、スーパーは、「成長期」「探索期」「確立期」「維持期」「退行期」としている。いずれも、熟年層と老年層を分けて議論をしていない（図1-3）。

エリクソンも、ライフサイクルを8段階で示し、最終を老年期としているが、分化させて考えるべきとの問題意識が持たれていたようである。その思いに沿

って，妻，ジョウンによって第9の段階が付け加えられている（Erikson & Erikson, 1997）。そこでは80歳から90歳の人生最後の段階における課題がつぎのようにあらわされている。『絶望がいつも「そばに寄り添う」ようになる』『その日その日を無事過ごせるかどうかが，それまでの人生にどれだけ満足しているか否かにかかわりなく，関心の焦点となる』などである。そしてこれらを克服するところに，「老年的超越」の世界があるとしている。哲学的ですらあるが，人間の成熟の極みで，英知に満ちた状態である。物質的なことがらに関心が薄れ，精神的な内面の探索をすべく瞑想を深めていくことになる。『高みに上ること，もしくは限界を超えること，しのぐこと，際立つこと』『時空を超えること』『急ぐことや張りつめていることから自分を解き放つこと』『深くかかわりを持ちつつ，かかわらないこと』などとしている。それは，死の恐怖を乗り越える大きな跳躍で，そのためには，誠実で揺らぐことのない謙虚さが求められるとされる。そして，周囲に対して思いやり，寛大に振る舞って自らを磨くところに，人生の極みがあるとされている。

　多くの若年者には複雑で分かりにくい屁理屈のように思えるかもしれないが，生理的，あるいは社会的な衰退・喪失と精神的な成熟性が一体となって進展していく年齢層なのである。人間は老いるべくプログラム化されていることは疑う余地がなく，死というものを考え人生の終焉を受け容れるというテーマは，誰もが直面する重大な課題のはずである。また，高齢化社会にあって社会的に広がりのあるテーマでもある。

2）　多様な定年退職の受け止め方

　エリクソンの老年層の描写は，哲学的で理解が難しいが，日本における研究から現実の課題も整理しておこう。多くのサラリーマンは定年退職によって職業や社会的に責任のある役割からの離脱を迎えることになる。つまり，自分自身と環境の双方とも思いどおりにならない不安や喪失感の中にさらされることになり，アイデンティティが揺らぐ転機を迎える。

　岡本・山本（1985）は，定年退職の受け止め方を心理テストの結果をもとにして，つぎの7つの類型のあることを報告し，アイデンティティの視点から分析している。

　①積極歓迎型：人生充実への第一歩である。第二の人生の出発点である。

②受動的歓迎型：重荷を下ろした感じがする。気楽になった。
③中立型：一つの区切りに過ぎない。当然のことである。
④危機型：人生の終わり。人生の墓場である。
⑤あきらめ型：やむを得ないことであった。考えたくない。
⑥逃避型：あえて考えないようにしている。考えたくない。
⑦アンビバレンツ型：つらくもあるし楽しくもある。寂しいがやれやれという気持ち。

①積極歓迎型と④危機型は，正反対と言えるほど異なり，そこにおけるストレスや緊張は対極的である。いずれにしてもアイデンティティの様相は多様であるが，それなりの変更を迫られながら自己安定を得ていくことになる。

5節　女性のキャリア

キャリアサイクルの一環として，女性に焦点を当てることはできないが，女性固有のキャリア発達課題があり，それをとくに取り出して議論することには十分な意味がある。それが女性にとって重要であるばかりでなく，男性のキャリアとも密接な関連があるからである。

1）　女性のキャリア発達課題

女性のキャリア発達課題は男性の問題と比較して複雑である。就職，結婚とキャリアの選択，結婚における配偶者の仕事への配慮，昇進，転職，出産，子育ての負担，子育て後の復帰・再就職，親の介護，など，ライフサイクルとキャリアとが複雑に，あるいは突然の変化を伴い，折り合いをどのようにつけるかの決断が求められることが多いのである（図2-1）。

トランジションのたびに，キャリアとライフサイクルのアイデンティティの立て直しが必要となる。しかし，周囲にモデルとなる同様の境遇の先輩モデルがないことが多く，解決が難しくなったりストレスを発散しにくい場合も少なくないのである。女性のキャリア発達課題をとくにとりあげた書籍も多数出版されているのはこうしたことが背景になっている（岡本・松下，2002；上里ほか，2007など）。

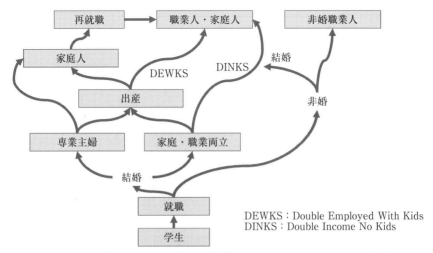

図2-1　女性のキャリア選択の多様性（岡本，1997，p.12より作成）

2) 女性の発達課題の社会的背景

　キャリアの諸問題は，いずれの層においても社会問題の性質を帯びているが，女性の場合はとくに重要な意味がある。日本は人口減少傾向にあり，子どもを生み育てやすい，あるいは，子どもを育てながら働けるキャリアの環境を整備することが国家的課題になっているのである。

　日本の人口は長年増加してきたが2006年に減少に転じている。合計特殊出生率は，2005年に1.25まで落ち込んでいる。そうした状況に対して，男女共同参画社会の実現を目指して，労働も子育ても男女が協働して当たるべく方向づける政策がとられるなど，経営者，労働組合を巻き込んだ一つの社会運動が展開されているのである。

　こうした運動の一つの目標は，長期的に人口を増やすことと女性の労働力率を高めることにある。働く女性が子育ての時期になった場合も，継続して働きやすい環境，あるいは子育てを終えた後の復帰がしやすい環境を準備しようということである。ちなみに，労働力率とは，労働に従事しているか失業している人口の全人口に占める割合のことで，女性の場合は，子育てにかかわることの多い年代で労働力率が減少するM字型の推移となっている（図2-2）。先進的な欧米ではこのM字型のくぼみの解消が進んでいる国が多く，子育ての

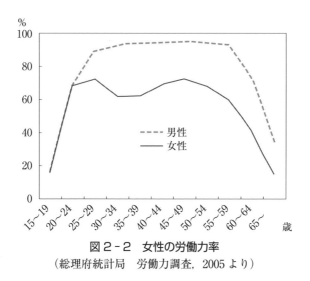

図2-2　女性の労働力率
（総理府統計局　労働力調査，2005より）

しやすい男女共同参画社会の実現が一つの目標ということになる。

3）女性の発達課題と人権問題

　女性は差別を受けその権利を守られないことが多いとの指摘が歴史的に，かつ世界的になされてきている。米国では，1960年代に起きた，いわゆる「ウーマン・リブ運動」，1964年の公民権法の制定を契機にして，女性のキャリアにおける権利を守るさまざまな法整備がなされるところとなっている。日本でも1980年代半ばに男女雇用機会均等法，1990年代になって育児・介護休業法が制定され，その後毎年のように改定，強化されている。そして1999年には，男女共同参画社会基本法が制定されるところとなり，前項の人口問題，労働力問題への取り組みと連携した施策となっている。

　しかしながら，こうした社会的な政策にもかかわらず，女性の役割に関する社会的認識は急速には変わらず，女性のキャリアにかかわる社会問題が完全に解消しているわけではなく，係争となる場合も散見される。

4）女性のキャリア発達課題とマネジメント

　経営人事においても女性のキャリア発達課題を意識したアプローチがなされている。前項の社会問題への貢献，人権擁護の社会的責務などの視点をマネジ

メントに取り入れるべきことは言うまでもない。それは法律に従う経営の最低限の義務と言うことができる。そうした最低限の義務ではなく，法律の趣旨や社会的な期待を積極的に捉えて，それ以上の制度を整備したりマネジメントを展開したりすることが奨励されているのである。こうした女性であることによって，能力を発揮しにくい環境を積極的に取り除く施策のことを「ポジティブ・アクション」（積極的な先取り施策）と呼んでいる。育児に関する休暇や手当て，子育て終了後の復帰を保障するなど，法的な基準以上に処遇するのはその例である。

　こうした法律に沿った施策やその延長線上の積極策は，企業の社会的責任を果たすための義務的なコストであるばかりではなく，それが従業員の仕事への意欲を喚起し，安心して働ける職場風土を醸成するところとなり，企業業績の向上にもつながっている。さらに積極的に女性を製品開発やマーケティングなど戦略的に活用する方略が功を奏した先進的ケースも報告されている。たとえば，自動車メーカーにおいて，従来，製品開発のチームの仕事であった新車企画や設計に販売担当の女性をプロジェクトメンバーに起用して，女性ならではの視点を生かすなどである。

コラム

発達と退行

　成人するまでの成長プロセスのみでなく，成人後の変化，発達にも関心が向けられるようになった。心理学の領域では，生涯発達心理学（life-span development psychology）として1980年代以降体系化されてきているもので，成人後にも児童期と同じような発達学的なアプローチが有効であると同時に，成人後の発達の研究が成長期の発達を理解する上でも有効とされ，幅広く紹介されるに至っている（高橋・波多野, 1994）。

　成人後の発達は，児童期の身体的発達とは異なるが，心理的な機能として明らかな発達が確認されている。あらゆる分野で有能であり続けるわけではなく，成人後，有能性は衰える一方というわけではない。自分で選び経験を積んできた分野においては，有能さを保ち，その有能さを生かして社会に貢献し得るものであるとされる。

　社会で活躍するリーダーは，一般に加齢とともに衰えるどころか，有能性を高めて社会的に認められることが多い。政治家や企業経営者は概して熟年層以降の世代が担うことが多いが，あいまいな状況における判断能力など，経験の蓄積によってこそ身につけられる能力であるからであろう。成人までに習得されるのは「知識」であるのに対して，成人後に獲得されるのは「知恵」ということができそうである。コンピュータにたとえると，入れ物としてのハードウェアとそれを効果的に利用するためのソフトウェアという説明は分かりやすい。

　ちなみに，知能も生まれてから成人に至るまで発達を続け，その後は衰えるとされていたが，一概には言えないのである。計算や抽象的なことを推理する能力（流動性知能）は成人以降衰えるが，知識の積重ねや言語能力（結晶性知能）は向上し続ける，などである（Deary, 2001）。

　発達か，退行かではなく，個別の変化に注目したいところではある。

3章

キャリア・トランジション

1節　キャリアの節目における危険と機会

　多様な働き方やキャリアパターンがあることを見てきたが，そこには方向転換しなければならないタイミングがあることに気づく。自ら働き方を変えたくなったり，立場や働く環境の変化に伴って意識や行動を変えることが求められることもあろう。長期的なキャリア計画に沿っての転換もあるし，大きな出来事や偶然の機会に恵まれての決断もあろう。こうしたキャリアの節目は，とくに「キャリア・トランジション」と呼ばれている。

1）キャリア・トランジションとは

　第1章で述べたレビンソンのライフサイクルでは，成人後の人生の展開が4段階で示されたが，各段階がある時点ですぐにつぎの段階に移行するのではなく，段階の間に過渡期があることを紹介した（図1-5）。この過渡期がトランジションということになる。

　トランジションは一般に「転機」と言われるが，そこには「危険」と「機会」の2つの要素が織り交ざっている。これを乗り切ることに失敗すると厄介な事態になるし，克服できればアイデンティティが確立され展望が開ける。レビンソンは，「ある発達から次の発達期への移行は，単純でも簡単でもない。その人の生活構造を根本的に変える必要があり，それには一日以上，一カ月以上，あるいは一年以上かかることもある。」（Levinson, 1978/南訳, p. 48）と述べている。原因はどのようなものであれ，何らかの対応が必要なことには変わりがなく，置かれた状況と折り合いをつけながら課題全体を統合して克服していかねばならない。

2) 2種類のキャリア・トランジション

　トランジションは，多様な様相を示すが，その性質により大きく2つに分類することができる。第一に，予期しなかった事件が起きた場面や，逆に起きるはずと思っていたことが起きなかった場面など，予想に反する事態になり何らかの対応が求められる場合である。突然の転勤や昇進などの命令が出される，期待していた異動が見送りになったなどはこの例である。また，自身の病気や家族の事情の変化など，個人的な事件で仕事を変わらざるを得なくなった場合もこの範疇に含められよう。予想に反した事態であるため，インパクトが大きいことが多く，冷静で確かな意思をもって対応することが求められる。

　他の一つは，予見し得る変化の事態で，自分の意思で引き起こすキャリア開発の取り組みや時間の経過とともに訪れる変化への対応が必要な場面によるトランジションである。自らの意思による転職，起業のほか，自己申告による異動，さらに学生の卒業に伴う進路の決定，入社後数年経過しての期待の高まり，定年などはこの例である。また，結婚，子の誕生，転居などのライフサイクル上の節目もこの範疇に含まれる。この種のトランジションでは，予定されたキャリアの節目で目標を立てて，計画的に節目を作り出していくことができる。

　いずれも意識や行動を変えることが求められる場面で，期待や不安，ときには葛藤を伴うこともあり，緊張を経て新たな安定や安寧を獲得したり，ときには挫折や落ち込みを経験したりするところとなるのである。

3) キャリア・トランジションにおける4つの課題

　キャリア・トランジションで直面する課題の性質を分析するとつぎの4つに分類することができる。日本語では，トランジションは「転機」，「危機」などということになるが，細かく見ると，そこにはいくつかの微妙に異なる意味が含まれている。リスク（risk），クライシス（crisis），デンジャー（danger），ハザード（hazard）の4つである。

　リスク（risk）は，行動に踏み込むことによって失敗の恐れがあるが，成功のあかつきには得るものが多い場合のことである。さらに積極的に言えば，失敗を恐れて行動を起こさなければ何も得られないという課題である。格言を当てはめると，「虎穴に入らずんば虎児を得ず」ということで，就職活動は面倒で難しいかもしれないが，これには積極的な挑戦が求められる，などというこ

クライシス (crisis) は，うまく対処しないと，決定的なダメージを蒙ることになりかねないという危急存亡の場面である。日本語の危機はこうした場面のことを意味することが多い。したがって，この種の場面では，冷静沈着で確かな判断と行動が必要となる。希望する就職先すべてから内定がもらえなかった事態における対処策を考える場面はこれに相当する。

　デンジャー (danger) は，危険で，行動に踏み込むとダメージを蒙ってしまうことがらや場面である。過度に大きなリスクがある場合もこの範疇に入れることができる。格言を当てはめると，「君子危うきに近寄らず」である。就職が難しい事態に陥ったからといって，安直に留年を選択するなどの選択肢はこれに相当する。

　ハザード (hazard) は，一定の状況になれば大きな被害を蒙ったり誤りを犯しがちなことがらのことである。事前にその状況を想定して対応策を検討しておき，その場になってあわてずに間違いない対応ができるようにしておくことが求められる。格言を当てはめると「備えあれば憂いなし」であり，就職活動に際して，あらかじめ幅広く情報を集めて困難に陥る場面を想定して理解を進めておくなどはこの例であろう。

　以上のようにトランジションにおける課題は多様で，ネガティブな側面もあるが，つぎのステップのために何が必要かを見つけ出し，それに向けて果敢に決断することが求められる場面でもある。

2節　トランジションのプロセス

　キャリア・トランジションが，キャリア発達にとって重要な意味を持っていることは，多くの研究者が指摘するところである。トランジションの心理プロセスについていくつかの説明モデルがあるので紹介しておく。

1)　「終わり→空白→はじまり」の3ステップ：ブリッジス

　ブリッジスは臨床心理学者としての経験からトランジションの心理プロセスを整理している (Bridges, 1980)。複雑で理解が難しい一面もあるが，含蓄のある理論を展開し幅広く受け入れられている。

トランジションは，それまで培った意識を捨てて新しい意識を学習して全体を統合するとともに，自分なりのペースを獲得していく過程であるとしている。すなわち，ものごとが終わる「終焉」，つぎをスタートさせて新しいものを受容する「開始」，そして，混沌を整理する時期として終焉と開始の間にある「中立」の3つの過程である（図3-1）。

　電車の乗り換えであれば目的地に向かうための降車と乗車であり，さして意識を変えるなどという大げさなことを言う必要はないが，キャリアの転換はそれほど簡単ではない。キャリア・トランジションではそれまでの行動様式，ときには価値意識，ものの見方など，さまざまな心理的な姿勢を簡単には忘れることができず，新しい事態を受け入れる障害になったり大きなストレスになったりする。新しいものが自分にとって自然に感じられるまでは，ハラハラしたりドキドキしたりするなど，不安や期待が交錯し，ときには親しんだ過去への未練や新しい環境に対する不満が生じたりするものである。

　また，一つのことが終わって，すぐに新しい始まりに転換できるわけではなく，両者の間には空白の時間が必要とされている。確立したアイデンティティを捨て去り，新たなアイデンティティを獲得するのには，何も考えない空白の時間に意味がある。ときに空虚で非生産的にも見える空白の時間こそが，真のスタートにおけるエネルギーの源泉になるというのである。それが，過去との決別をし，新しい環境と課題に対する判断や行動様式を自然なものとして受け入れることにつながるのである。

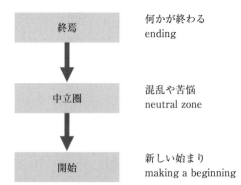

図3-1　トランジションにおける3つのステップ
（Bridges, 1980/倉光・小林訳，1994）

高校生が大学受験を経て大学生として新しい学生生活に適応するプロセスは，一つのトランジションの場面であるが，そこでは高校生時代の受験勉強を主体とした目標が明確な学習スタイルの終焉と履修すべき単位を自ら構成して主体的に学ぶスタイルの獲得が求められる。入学した大学が希望どおりであったかどうかも新しいスタートの姿勢を左右しやすい。新しいスタートは，そのきっかけとなった終わりが失敗であれ，成功であれ，過去のものとしてしっかりと終わらせないと始まらない。新しい環境に適応するためには，過去の生活様式や姿勢との決別がなされないと，新しい姿勢の獲得に積極的になれないものである。

　ブリッジスは，こうした事情を説明するために，英国劇作家エリオットをつぎのように引用している『われわれが始まりと呼ぶものは，しばしば終わりである。何かを終わらせるということは，何かを始めることである。終わりとは，そこからスタートする場所である』(Bridges, 1980, 倉光・小林訳, p. 119)。終わらせること，始めることの難しさを表現しているものであろう。

2) 「準備→遭遇→適応→安定化」のサイクル：ニコルソン

　キャリア・トランジションの展開は準備→遭遇→適応→安定化の4つのサイクルで展開されるとしたニコルソンとウエストのモデルがある（Nicholson & West, 1989. 図3-2）。学生が就職する際の最初のトランジションでは，つぎのように当てはめることができる。「準備」は，就職活動前の事前の心構えを持ち始める段階で，「遭遇」は，就職活動によって内定を得て社会人の入口に立つプロセスである。つぎの「適応」は組織の一員となり，仕事や職場になじんでいくプロセスである。最後の「安定化」は，仕事が日常化し，職場の人間関係が真に仲間として意識されるようになった段階である。

　この4つの段階による説明には，つぎの3つの意味が含まれている。まず，4つの段階は連続的であるが，それぞれ異なった心理過程である点である。「準備」では期待や動機，「遭遇」では状況認知や物事の捉え方，「適応」では情緒，「安定化」では行動，統制が核となるなど，まるで四季に応じて衣を変えるがごとく，通過するための異なった鍵が存在しているのである。

　つぎに，4つの段階を経て一つの区切りで終わりというわけではなく，またつぎのサイクルが繰り返されるという点である。すなわち，仕事で自他ともに

3章 キャリア・トランジション

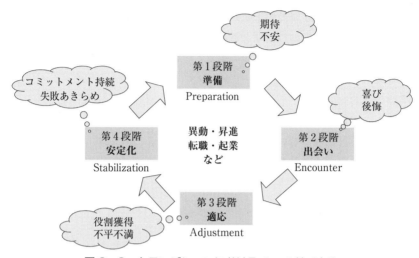

図3-2 トランジションにおける4つのサイクル
(Nicholson & West, 1989/金井, 2002, pp. 86-87 より作成)

一人前になると、つぎは他部署への異動や管理職への登用となり、再び新たな環境との遭遇、適応、そして安定化のプロセスが展開されるのである。

3つめに、サイクルの各段階はそれぞれ固有であるが、前の段階に影響を受けているという点である。情報収集などの準備がつぎの新しい事態への遭遇に影響があるはずであるし、出会いのあり方が適応がうまくいくかどうかを決定づけることになり、さらにそれが安定期の様相を規定することになる、ということである。サイクルがうまく展開されると、つぎの展開もうまくいく、逆につまずくとつぎの展開が難しくなりがちであるということで、キャリアは、時間と経験の積み重ねであることを改めて物語っているように思われる。

以上のように、このモデルで示されるサイクルの基本は単純ではあるが、その意味合いは奥が深く示唆に富んでいる。

3) 最初に経験するキャリア・トランジション

いくつかのキャリア・トランジションのモデルを見てきたが、最も身近なキャリア・トランジションは、学生から社会人になる際の転機であろう。将来を見据えた挑戦的な活動であり、前述のリスクという性質を持っている。この転機は、1節の2)にあげた予期されるトランジションであり、時間をかけて準

備することができる。また，多様な支援システムが準備されているし，多くの就職活動のハウツー本も出版されている。ここでは，深入りせずに，一般的な5つのステップを紹介するにとどめておく。

① 自己分析をする

自分が好きなこと，自分ができそうなこと，職業として自分が価値を感じられることなどを考える。適性検査を受けたり，キャリアセンターなどの支援機関に相談したり，セミナーに参加して進める。

② 情報収集をする

就職ガイダンスへの参加，業界情報・企業情報の収集のほか，先輩訪問で職場や仕事の様子を聞き，必要な情報を収集する。

③ 関係者に相談する

信頼できる関係者に相談する。先生・先輩などのほか，ジョブカフェや大学のキャリアセンターなどの支援機関に相談する。自分で判断がつけられる場合も，それが妥当であるかどうかを確認するためにも，信頼できる人に自分の考えを話してみるべきであろう。

④ 具体的に行動に移す

エントリーの仕方，提出書類の書き方，試験の準備，面接選考の準備などである。

⑤ 独りよがりな判断でないことを確認する

家族など，その後も支援をお願いしなければならない関係者に，最終的な判断について相談，報告する。

3節 キャリア・トランジションとアイデンティティ

1) アイデンティティという概念

アイデンティティという概念はエリクソンによるもので，青年期の一大テーマで，自分らしさはどこにあるか，さらに集団や社会の中でどのように位置づけられ，自らの役割を得ていくかということであった（Erikson, 1950；同，1959；同，1982；鑪，1990）。もう少し厳密に言えば，自分は他人とは異なり自分であると認識し，社会や組織との関係性について自分自身の位置を定めていくことになる。自分は他者とどのように異なるか（自己同一性）と社会的な

役割や位置づけをどのように定めるか（心理社会的同一性）の認識のことである。

少し込み入った話になってきたので，もう少し平たく説明してみよう。「自分らしさの認識」（自己同一性）というから，自分の体の特徴，性の認識があるし，自分の家族なども自分をあらわす重要な側面であろう。また，「社会や組織との関係性」（心理社会的同一性）ということは，住んでいる街や地域，働く職場における仕事上の役割や上司・同僚との関係，さらに国家や大きく国家の属する世界などに対する認識も関係がある。

アイデンティティをキャリアの視点から考えてみよう。働き始め，経験が深まれば深まるほど，アイデンティティが強固になってくる。職務や職場における自己が時間とともにそれらしく収まってくるからであり，職場のことを「うちの会社」などと感じるのはアイデンティティが強固になってきた証拠であろう。

当初はやりがいのある仕事かどうか定かでなかったとしても，キャリアを積み重ねるにしたがって，自分の仕事としての意識を内面化していくのである。学生の就職活動から最初の職業に就くまでの期間は，こうしたキャリアに関するアイデンティティを獲得していく過程ということができる。

2) 繰り返すアイデンティティの揺らぎと再確立

しかし，アイデンティティは単に青年期における最初の職業生活へのトランジション場面のみの課題ではない。なぜなら，アイデンティティは状況や内面の変化によって揺らぎ，再度の探索が試みられることが少なくないからである。トランジションは，たびたび訪れ，アイデンティティの再構築が繰り返し求められるのである。取り巻く職場の環境，家族の状況などは変化するし，キャリアを重ねることによって新たなチャレンジを志したくなることもあろう。前述のニコルソンとウエストのモデルは，アイデンティティの拡散と構築の繰り返しを説明したものということもできよう。

偶然の幸運に恵まれ，さしたる葛藤を伴わずにトランジションを通過してしまう場合もあるが，その場合も，それまでのことを振り返ってみたり，その後の見通しを考えたりしておくことは意義のあることである。新しいキャリアに踏み出す際の姿勢や職業意識をしっかりとしたものにすることになるからである。企業研修におけるキャリアデザイン研修では，受講者がトランジションの

状況ではない場合もあるが，キャリアを振り返りつつ将来についての思いを膨らませることが狙いとなることが多い。それはキャリアの振り返りによってアイデンティティを時間軸によって再確認するプログラムということができる。アイデンティティは，それまでに経験したさまざまなことがらの意味を改めて考え，それらを統合して自らを再認識することによって強化されるからである。

3) アイデンティティの状態

アイデンティティの状態は確立されているかいないかの二元的に捉えるのではなく，そのプロセスを分析的に理解しておくほうが良い。

アイデンティティの状態は，「拡散」，「モラトリアム」，「早期確定」，「達成」の4つで説明されている（Marcia, 1964）。「拡散」は方向性について考えようともしていない状態，あるいは社会や組織に背を向けてしまっていたり，しっかり考えずにあれもこれもと考えて絞り込もうとしていない状態とされる。いずれも指向が明確でないことから，拡散状態とされる。「モラトリアム」は，方向づけをしようとあれこれと模索しつつ，決断をしようとしているものの決断には至っていない状態で，猶予を求めている状態とも言える。モラトリアムの状態はネガティブに受け取られることも少なくないが，達成に至る葛藤や悩みのプロセスと言うこともでき，苦しいが新しいものを産み出す期間として積極的な意味もある。「早期確定」は，「予定」とも呼ばれるもので，早期に方向づけを決めている，あるいは親などから決められてそれを受け入れている状態である。葛藤や悩みを経験することが少なく，方向づけられている点が特徴である。「達成」は，前述のとおり，自己同一性と心理社会同一性を定め，決断を持って自己を方向づけている状態である。

アイデンティティは，キャリア・トランジションの危機・機会に対してトランジションの認識を確かに持って，積極的に考えて自らの責任で進むべき方向を決断したうえで達成状態となるもので，その途上にあるのがモラトリアム状態，積極的にかかわろうとしない状態が拡散ということになる。

以上をアイデンティティの状態をキャリア形成の視点からあらわしたのが，表3-1である。また，キャリア形成にかかわるアイデンティティの状態を自己分析することによって具体的な理解を促すのがつぎの12のリストである。自分の当てはまる状態を選択してみてほしい。ちなみに，アイデンティティの

状態は，拡散：①〜③，モラトリアム：④〜⑩，予定：⑪，達成：⑫をあらわしている。

①将来のことは気になったことがないし，考える必要を感じない。
②将来のことは気になるが，なるようにしかならないと思っている。
③将来のことが気になるので，いずれは考えようと思っている。
④将来のことが気になってはいるが，漠然としている。
⑤将来やりたいことをたくさん思いつくが，いずれにもやる気が起きない。
⑥将来のことが気になって考えることがあるが，目標や計画は定まっていない。
⑦将来やってみたいキャリアがあるが，それに向けた準備はとくにしていない。
⑧将来やりたいことや自分にあった道を考えつつあるところだ。
⑨将来やりたいことがたくさんあり，すべてを経験したいと思っている。
⑩将来の目標や計画を決めたが，揺らいでいる。
⑪小さいときから決めている将来の目標や計画があり，それに向けて進んで

表3-1 アイデンティティの状態 (Marcia, 1964/岡本訳，1997, p. 36 より作成)

アイデンティティ・ステイタス	危機	積極的関与	概要
アイデンティティ達成 (identity achiever)	経験した	している	幼児期からのあり方について確信がなくなり，いくつかの可能性について本気で考えた末，自分自身の解決に達して，それに基づいて行動している。
モラトリアム (moratorium)	その最中	しようとしている	いくつかの選択肢について迷っているところで，その不確かさを克服しようと一生懸命努力している。
予定アイデンティティ (foreclosure)	経験していない	している	自分の目標と親の目標の間に不協和がない。どんな体験も，幼児期以来の信念を補強するだけになっている。硬さ（融通のきかなさ）が特徴的。
アイデンティティ拡散 (identity diffusion)	経験していない	していない	危機前 (pre-crisis)：今まで本当に何者かであった経験がないので，何者かである自分を想像することが不可能。
	経験した	していない	危機後 (post-crisis)：すべてのことが可能だし可能なままにしておかなければならない。

いる。

⑫最近，将来の目標や計画を定め，それに向けて努力を始めている。

4) アイデンティティの発達

青年期のアイデンティティが克服された後も，再びアイデンティティの課題に直面することもあるのは前述のとおりである。アイデンティティは，日々流動的なものではないが，一生崩れないものでもないということである。必ずしも青年期固有の問題ではなく，状況や心理の変化に伴って必要となる成人後の階層に見られるかなり普遍的なテーマなのである。

成人後のアイデンティティの発達の過程は，ラセン式の発達モデルで説明される（岡本，1997，図3-3）。いったん達成されたアイデンティティも，環境の変化や自分自身の経験や学習による変化などから，見直されてモラトリアムの状態，さらに拡散状態になり，再度，達成に到達するとされている。このようにラセン式に同じようなサイクルを繰り返して発達のプロセスを経ることは，多くの研究から多様な年齢段階で共通して見られることと説明されている。

アイデンティティの発達や変化は，それまでの成功や失敗の直接的な経験，直面する課題に関する自問自答，周囲の人からの評価やフィードバック，周囲

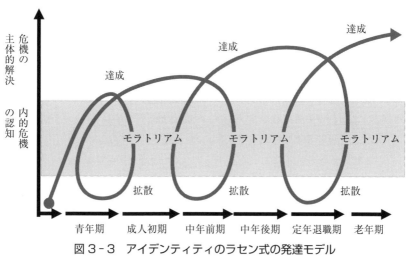

図3-3 アイデンティティのラセン式の発達モデル
（岡本，1997，p.171 より作成）

の人の成功談や失敗談などの間接的な経験によって，意識，無意識のうちに展開されていく。そしてトランジションの経験を重ねることによって，またそれに主体的にかかわっていく経験を重ねることによってより強固に，かつ柔軟になっていくものと考えられている。

このように考えると，アイデンティティは青年期に限らず，すべてのキャリア段階においてトランジションを克服する中心的なテーマということになる。

コラム

4つのS

トランジションのプロセスでつまずくことが多く，それに対峙する際の視点を提示しているシュロスバーグの「4つのS」と呼ばれるモデルがある（Schlossberg, 1989）。Sで始まる，状況（Situation），自分自身（Self），支援（Support），戦略（Strategic）の4つの視点で，直面している課題を分析的に整理してみようと提案する。何が障害になっているかを考えるための枠組みとして利用できる。4Sなどと標語であらわされている点がわかりやすい。キャリア・カウンセラーがカウンセリーを理解する上で，また個人が自己分析する上で役立ちそうな枠組みである。障害に直面したときは，あわてることなく，どのSでつまずいているかを検討すればよいとされる。

状況（Situation）

この視点は，問題が生じたきっかけ・時期・期間・以前の経験・他のストレス・受け止め方などである。

自分自身（Self）

この視点は，仕事の重要性・仕事と他の興味とのバランス・変化への対応・信念・人生の意義などである。

支援（Support）

この視点は，他者からの肯定的感情・激励・情報・紹介機関・キーマン・実質的援助などである。

戦略（Strategic）

この視点は，状況を変化させる対応・問題の意味を変える対応・問題の起こった後のストレス解消策などである。

キャリア発達の理論

　キャリアの展開はキャリア・ディベロップメント（career development）と呼ばれる。日本語では，キャリア開発，キャリア形成，キャリア発達などの訳語が当てられている。キャリア開発には，それまでには経験していない新しい職務や職業にチャレンジする過程，キャリア発達にはキャリア意識が成熟化するキャリアサイクルの過程といった意味合いであることが多い。原語のキャリア・ディベロップメントという用語は，これらのいずれも包含しているが，文脈に応じて適宜ニュアンスが使い分けられている。日本語では，キャリア展開，あるいはキャリア構築とでもすべきところかもしれない。開発，発達といったポジティブな場面のみでなく，退行などネガティブな状況を含む概念であるからである。本書では，こうした複雑な状況を棚上げして，これらを含めてキャリア発達の用語を用いることにする。

1節　個人特性と職業のマッチングに注目したアプローチ

　その職業に就いてうまくいくかどうかは，個人の特性によって決まるものという考えがある。「個人特性論」と呼ばれるもので，個人，職業，置かれた状況などが変化しないことを前提として，個人と職業の最適なマッチングを追求するアプローチである。つまり両者の関係が最適になった場合に生産性が最も高まり，本人も満足しやすいとシンプルに考えるものである。

1）　個人特性論の背景
　個人特性論の考え方は，T型フォードが登場した1900年代前半の産業の近代化を背景にしている。当時は機械操作の効率や正確さなどの個人差がマネジメントの対象となった。重いものを運ぶ必要がある仕事では，筋力などの体力

が必要という具合である。こうした適合性に関する関心は適性の概念によって説明され，適性検査の開発を促すところとなった。また，適材適所というマネジメントの標語は現在も意味が感じられるが，そうした事情をあらわすものと言える。

その後，職業の変化や複雑化に伴って対象となる個人の特性が拡大され，能力・スキルのほか，性格，動機，価値意識などが視野に入れられ，後述するように個人と環境の相互作用やダイナミクスに関心が発展するところとなった。

2) 個人特性に焦点を当てたいくつかの研究

時代の流れに沿って，適合性にもとづく代表的な研究をいくつか俯瞰しておこう。パーソンズは，1909 年，カウンセリング心理学体系化につながる書籍を出版した。そこで，①個人は他の人と異なる能力を持っており，それを測定することができる，②個人は自分の能力・特性に最もふさわしい職業を選択する，③個人の能力・特性と職業要件が一致するほど仕事の満足度は高くなる，として職業選択やキャリアのカウンセリングに関する基本的なモデルを提唱した（Parsons, 1909）。

また，ウィリアムソンは，1939 年，「個人のもつスキル・能力と，それぞれの仕事が必要とするスキル・能力とを適合させることで，よい職業選択や職業適応をもたらす」として，キャリア・カウンセリングの基本的な枠組みを示した（Williamson, 1939）。個人が長所と短所を理解し，自己理解と自己管理を深めていくのを支援すると考えたわけである。

さらに，ローは，1956 年，能力・スキルの側面にとどまらず，幅広く個人の属性を取り上げて職業との関連性を研究した。生物学的個人特性として容姿・身体能力・障害・人種・性，心理学的個人差として性格・知能・能力・興味，さらに社会的個人差として教育・家族の職業・宗教・文化を取り上げて，職業との関連があることを実証した（Roe, 1956）。個人の意思や努力と無関係な属性と職業との関係性を問題にしているということから，差別的な発想と批判されるところであるが，当時の社会的背景の中で職業生活の意味を問いかける研究として意義が認められている。

以上のように職業研究の草創期に適合性を機軸とした研究が盛んに発表された。そして適合性を診断するための適性検査が精力的に開発されるところとな

った。適性検査については，第11章で詳述する。

2節　個人と環境との相互作用を強調するアプローチ

　産業や組織が複雑化するに伴ない，個人特性と職業との固定的なマッチングではなく，両者相互の影響やそれぞれの変化を前提としたモデルが発表されている。個人特性に注目する点では，個人特性論的アプローチと同様であるが，個人が主体的に職業を求め，柔軟に適応していくものとされる点が異なる。主なものに，シャインのキャリアアンカーやホランドの職業的パーソナリティをあげることができる。

1）　キャリアアンカーと役割プランニング：シャイン

　まず，シャインの提唱したキャリアアンカーである。キャリアアンカーの「アンカー」は船の錨(いかり)のことで，キャリア論における用語として定着している。キャリアを船の航海にたとえて，自らを係留すべき港でアンカー（錨）を下ろすことをイメージさせるものである。さまざまなキャリアのあり方の中で，誰しも最も自分らしく働ける仕事のスタイルがあるとして，それをキャリアアンカーと呼んだわけである。修士課程の学生を卒業後長年にわたってフォローアップしてインタビューしたところ，働く人には，固有のアンカーがあるとの洞察を得たのである。したがって，アンカーは理論というより現実に展開されているキャリアを分類した結果という性質のものである。

　アンカーをもう少し説明すると，①他人にはできない自分の強み，②自分のやりたいことや目標としたいこと，③自分の価値としていることや誇りに感じられること，の3つの要素をすべてに当てはまるものは何かに関する自己意識ということになる。さらに端的に言えば，「できること」，「やりたいこと」，「価値が感じられること」の3点であり，これらすべてを満たす自分なりの思いということができる。才能と能力，動機と欲求，態度と価値の3つの要素を統合して認識される自己イメージということになる（Schein, 1978；二村・三善訳）。「自分は○○をするために生まれてきたようなものだ」などと述懐されることがあるが，こうした自己に関する思いやアンカーが表明されたものと考えられる。

こうしたアンカーは，当初は5つで説明されていたが，その後8つに拡充されている（Schein, 1990，表4-1）。すなわち，技術・専門性，経営・組織管理性，起業・創造性，保障・安定性，自律・独立性，困難への挑戦性，社会貢献性，生活全体のバランス性で，最後の3つが追加されたものである。これらアンカーは生得的な特性というわけではなく，キャリアについて徐々に方向づけられ，35～45歳の中年期のキャリア再構築期においてアンカーが意識されるようになり，最終的には，いずれか一つに収 斂 するとされる。

キャリア発達の過程で，時折振り返りつつ，アンカーの所在を内観してみることによってアイデンティティを確固としたものにできる意義が示唆されている。しかし，アンカーのみに焦点を当てるのでは不十分で，職務や周囲から期待される役割にも注意を注ぐ必要も指摘されている。シャインはおもに組織内のキャリアに焦点を当てており，経営組織における激しい変化を察知し，それに応えていく柔軟なアプローチ，すなわち「役割プランニング」の必要を強調しているのである。これには「キャリアサバイバル」の標語が用いられている

表4-1　8つのキャリアアンカー（Schein, 1990）

	内　容
技術・専門性 technical/functional	仕事に没頭し，専門性を追求することに価値を見出す。
経営・組織管理性 managerial	経営上の課題を効率よく解決したり，昇進し重い責任をまっとうすることに価値を見出す。
自律・独立性 autonomy	マイペースでできる仕事ができることやキャリア選択に制約が少ないことに価値を見出す。
保障・安定性 security or stability	雇用や身分が保障されているなど，キャリアの安定に価値を見出す。
起業・創造性 creativity	商品，サービスや事業などの開発を好むなど，革新的な活動に価値を見出す。
社会貢献性 service dedication to cause	自分が社会の発展や周囲の役に立っていると実感できることに価値を見出す。
困難への挑戦性 pure challenge	不可能を可能にしてみせるなど，困難な仕事を克服することに価値を見出す。
生活全体のバランス性 lifestyle	趣味を楽しむことや家族の要望を大切にし，キャリア全体のバランスをとることに価値を見出す。

金井訳（2003）では，アンカーの名称がそれぞれ，専門・職能別コンピタンス，全般管理コンピタンス，起業家的創造性，保障・安定，自律・独立，純粋な挑戦，奉仕・社会貢献，生活様式，とされている。

が，直訳して「生き延びる」などという切迫したものではなく，環境，組織のニーズを認識してはじめて健全なキャリア発達が得られるとの趣旨である。

著書の中では「キャリア上の目標が，市場の動きや長期的な個人プランとうまく符合しているかどうかを確かめるために，だれもが自分の職務を定期的にチェックすべきです。」と述べられている（Schein, 1995/金井訳, p. 8）。こうしたアプローチが，またアンカーの所在を考える上で有効となるとして，アンカーと期待される役割の両面からのアプローチが勧められているのである。アンカーが個人の内面の分類であるのに対して，サバイバル（周囲からの役割）が環境分析であり，両アプローチが統合されるということである。

シャインの言葉によれば，「キャリアアンカーは，明らかに個人・仕事環境間の初期の相互作用の結果である」（Schein, 1978/二村・三善訳, p. 143）ということになり，個人と環境とのダイナミックな相互の関係から，個人の中に形成されていくものとされているのである。

2) 職業的パーソナリティ：ホランド

個人特性と職業との交互作用に注目して広く受け入れられているホランドの研究がある（Holland, 1985；同, 1997）。個人の遺伝的な資質をもとにした活動，活動による興味の広がり，活動による能力の獲得，基本的な個人の特性（disposition；傾性）への展開とそれらに影響を与える家庭・学校・友人などの環境的な要因をモデルで示した（図4-1）。18〜30歳程度で，さまざまな経験を通じて個人特性が形作られ，「職業的パーソナリティ」とも言われるものとなって結実すると説明されている。この理論は個人の特性と職業との関係性を問題にすることから，適合性のアプローチに分類されることもあるが，ホランド自身はこうした考え方を「構造的−交互作用的理論」と呼び，単に個人と職業との関係の構造に焦点を当てるアプローチとは異なるとしている。

職業的パーソナリティは，全部で6つのタイプで構成され，図4-2のようにタイプの名称の頭文字RIASECを用いて六角形であらわされる。タイプは，隣同士似た特徴を持ち，対角線の反対側に位置するタイプとは反対の特徴を持つとされ，後述の検査で測定される。隣接したタイプがともに高い場合は，一貫性があるとされる。たとえば，R・I，I・A，S・E，C・Rなどの組み合わせである。これに対して，対角線上のR・S，A・C，E・Iは逆に一貫性が低

4章 キャリア発達の理論

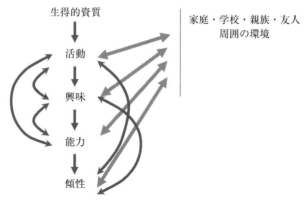

図4-1　職業的パーソナリティの発達モデル
（Holland, 1985/渡辺ほか訳, 1990より作成）

図4-2　職業的パーソナリティRIASECのモデル
（Holland, 1985/渡辺ほか訳, 1990より作成））

いとされる。また，6つのタイプ間に明確な差異が見られるかにも注目される。つまり，6つのタイプ全体を見て，スコアの高いタイプと低いタイプが明確になっているかが分化度の視点として説明されている。

　この六角形モデルは，実は理論的に導かれたものではなく，ホランドのキャリアカウンセラーとしての活動や適性検査の開発の過程から経験的に考案されたものと言われる。しかし，その後の実証的な研究によって有効性が検証され，広く認められるところとなっているのである。開発された検査は，世界的に知

42

られており，日本でもおもに大学生を対象にした職業興味検査 VPI (Vocational Preference Inventory, 日本労働政策研究・研修機構) として翻案され，時代の流れに合わせて改訂が重ねられている。

6つの職業パーソナリティ・タイプは，パーソナリティを類型化するアイデアであるが，ホランドは職業も同じ枠組みで類型化し，両者の同一性や類似度に焦点を当てている。関連する職業は，現実的タイプ：測量工・機械工，研究的タイプ：科学者・物理学者，芸術的タイプ：芸術家・文筆家，社会的タイ

表4-2 職業的パーソナリティ・タイプ RIASEC の内容

タイプ名	内容
現実的タイプ Realistic	物，道具，機械や動物などを具体的に，秩序的かつ組織的に操作する活動を好む。逆に対人的な活動を伴う社会的，教育的な仕事は好まない。 　従順，純粋な，健全な，確固とした，実利的 　頭の固い，目立たない，非洞察的，単純な
研究的タイプ Investigative	物理的，生物的，文化的な現象を理解したり取り扱ったりすることを目的とし，観察，記述するなど，体系的・創造的な研究を好む。逆に，相手も説得するような能力は発達させにくい。 　分析的，注意深い，好奇心旺盛，自律的，知的 　批判的，内省的，控えめな，人望がない
芸術的タイプ Artistic	芸術的な形態や作品の創造を目的とした，物，ことば，人間性に関する素材の操作を伴う活動を好む。逆に，具体的・体系的な活動を嫌い，秩序を正しさを好まない。 　表現力に富む，理想主義的な，想像力に富む，独創的，開放的 　複雑な，非実利的，衝動的，反抗的
社会的タイプ Social	コミュニケーション，訓練，教育，治療，啓蒙を目的として，他者との対人接触をしていく活動を好む。逆に，物，道具，機械を用いた具体的，秩序的な体系だった活動を嫌う。 　友好的，共感的，寛容な，責任感の強い，あたたかい 　優越感の強い，理想主義的，説得的，押しつけがましい
企業的タイプ Enterprising	組織目標の達成や経済的利益を目的とした他者との交渉を伴う活動を好む。逆に，観察したり文章にあらわすなど，体系的な活動を嫌う。 　愉快な，精力的，社交的，楽天的，自信家 　貪欲，自己宣伝的，興奮を求める，威張る
慣習的タイプ Conventional	組織や経済的目標の達成を目的としたデータの具体的，秩序的，体系的操作，たとえば，計画に従って記録，ファイリング，データの整理などの活動を好む。逆に，あいまいで基準のない探索的な活動を臨機応変に行う活動を嫌う。 　用心深い，規律正しい，従順な，粘り強い，実利的 　防衛的，堅い，とりすました，想像力の欠けた

(Holland, 1985/渡辺ほか訳, 1990 より作成)

プ：教員・カウンセラー，企業的タイプ：セールスマン・会社役員，慣習的タイプ：会計士・事務員，などと関係づけられている（表4-2）。職業に求められるものが時代環境の変化とともにこの対応関係も変化している可能性もあるが，両者を関係づけるのは理解できるアイデアであろう。

3節　職業選択のプロセスに注目するアプローチ

　個人の特性や個人と職業との関係，さらに個人と環境の相互作用をもとにするアプローチは，個人や職業の内容に焦点が当てられるのに対して，キャリア選択場面における気持ちや動機などのプロセスに注目する考え方がある。キャリア選択を意思決定のプロセスや，活動経験や他の人との相互影響過程として捉える考え方である。

1）　意思決定過程としての職業選択：ジェラット

　キャリア発達における職業選択を一連の意思決定プロセスとして捉えるジェラットのアプローチがある（Gelatt, 1962）。職業選択の過程を①目的・目標を定める，②関連する情報を集める，③集められた情報を分析する，④可能な選択肢を作る，⑤選択肢を比較検討する，⑥選択肢の一つを選択し行動に移す，のフローで説明する。合理的で，大枠では普遍的なモデルとして理解しやすい。

　しかし，人はこうした合理的なプロセスをスムーズに通過するとは限らない。そこで冷静に職業選択の過程を分析し，各過程にありがちなつまずきの原因を整理しておく必要がある。集めるべき情報が十分か，検討や判断が偏っていないか，可能性を自ら狭める判断をしていないか，などである。

　ジェラットは，カウンセラーの経験をもとに，こうした職業選択を一連の意思決定の過程と捉えて，課題を整理したのである。意思決定の過程を分析すると，つぎの3つの機能があるとしている。可能な選択肢を見出したりそれぞれの結果について検討したりする（予測システム），予想される結果の望ましさや価値を比較検討する（価値システム），いずれかを選択し他を捨てる決定をする（決定基準）の3つである。合理的に，かつ，ぬかりなく意思決定をすることを支援するという考え方である（図4-3）。

　ここには論理的にステップを踏んでいけば良い結果が得られるとする人間観

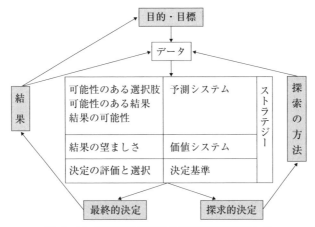

図4-3　職業選択における意思決定プロセス
（Gelatt, 1962/渡辺訳, 2007, p. 96 より作成）

が感じられるが，ジェラットはその後，環境のあいまい性，予測の難しさなどを考慮すべきとして，「積極的不確実性（positive uncertainty）」の考え方を提唱している（Gelatt, 1989）。情報は限られているし，変化するものであり，かつ主観的に捉えられたものであること，さらに，意思決定は目標達成に向けて近づくものであると同時に，目標を創り出す過程でもあること，などに留意すべきであるとして，直感の効用や柔軟なものの見方の大切さが強調されている。彼の来日講演の際には，「夢見ることを忘れずに」という言葉を残しているとのことであるが，こうした考えを象徴している。社会の複雑化や変化スピードが速まったことを背景にした理論の再検討がなされたものであり，キャリア発達が社会の動きと無縁でないことを示すものとも言えよう。

2) 自己効力感の概念：バンデュラ

さまざまな人間関係や経験から情報を得て，興味を広げながら新しいものの見方や価値意識，さらに課題解決スキルを獲得していき，その結果としてキャリア目標を定めてキャリアを方向づけていくとする説明モデルがある。バンデュラの唱えたもので，「社会学習理論（Social Learning Theory）」と呼ばれている。その核になる概念が「自己効力感：self-efficacy」である（Bandura, 1977）。キャリア・トランジションにおいて，アイデンティティが重要な意味

を持つ概念であったが，この自己効力感もまた中核に位置づけられることが多い。

　まず，この自己効力感の概念を要約しておこう。自己効力感は，直面する課題を自分の力で解決，克服できるように感じられるかどうかである。アイデンティティが内面的な「自己記述」であるのに対して，自己効力感は「自己評価」という性質がある。評価といっても，客観的な能力評価ではなく，自分自身による自己能力の主観的評価である。トランジションにおいて，行動に踏み出す意欲や精神的エネルギーとなるもので，これが失われると新たな課題には挑戦することができず，自分の世界に閉じこもるなど萎縮してしまうことになる。つまり，キャリア発達のプロセスには，この自己効力感が中心的な役割を果たすとされている。

　では，自己効力感はどのように培われるものであろうか。鍵となるものに，まず自身の成功経験がある。成功経験が新しい課題に直面した際にも前に踏み出す自信となるのである。難しい課題にいきなり成功するのは難しいが，やさしい課題で成功を重ね，少しずつ難度を上げていくなどは，成功経験による自己効力感の鍛錬と言える（スモールステップ法）。つぎに，周囲の友人や関係者の成功経験を観察することがあげられる。友人などが課題をうまくこなすのを見ていれば，自分もできそうな気になってくるなどはこの例である（代理経験：モデリング）。さらに，周囲からの説得や激励などがあげられる。「君ならできるはずだ」などの働きかけがそれである（社会的説得）。

　また，自己効力感と関連があるものに，課題に対して集中して取り組む集中力や気力を左右する体調，気分，ストレスなどの状態もあげられている（情緒的覚醒）。体調や気分がよければ，ものの見方がポジティブになりやすく困難に立ち向かう力が湧いてくるし，逆に風邪をひいていたり大きなストレスを抱えたりしている場合は，何事にもネガティブになりやすく，やる気が起きなかったりできそうなことでも難しく感じてしまったりするものである。

　ちなみに，この自己効力感の概念や社会学習理論は，キャリア発達のみにかかわる枠組みではなく，広く人間行動の理解に適用されるもので，社会心理学の領域で多方面にわたって影響を与えている考え方である。

3） 自己効力感をもとにしたキャリア発達論①：クランボルツ

　自己効力感の概念を中心としたキャリア発達論が展開されている。自己効力の概念は，社会的な人間行動を説明する理論として広く認められているが，それをキャリア発達の領域に適用したものである。

　まず，クランボルツの理論があげられる。クランボルツは，キャリア選択をさまざまな経験や個人を取り巻く人々との相互影響の結果であると考え，その過程に影響を与える要因をつぎの4つで説明している（Krumboltz, 1979）。すなわち，①性差・身体的特性・知能や特別な才能，②社会経済などの情勢や家族状況およびその変化，③直接的な経験によるスキルの獲得やものの見方や判断基準などへの気づき，④目標に向かって行動していく課題解決行動のスキル，である。これら4つの要因が複雑に影響し合って自分自身や職業・社会の見方などの信念・価値意識，さらに課題への取り組み姿勢や行動スキルなどが形成されてキャリア選択がなされると説明する。

　この考え方では，人間は経験を通じて変化，成長していくものであるとの前提があり，確固たる目標を定めて計画どおりにそれに向けて努力する姿よりも，遭遇する状況において，新たな興味を広げて新しいものの見方や，スキルを身につけながら変化し続ける姿がイメージされている。職業との適合性を重視し過ぎたり，目標を硬く考え過ぎて肩に力が入り過ぎることへの警鐘であると同時に，変化の激しい社会におけるキャリア選択の指針を示すものでもある。

　クランボルツはこの考え方を「計画された偶発性（Planned Happenstance）」と表現している（Krumboltz, 1999）。偶発的であるのであれば計画しようがなく奇異な表現に感じられるが，偶然の出来事や予期しない出会いを大切にして，興味を育み挑戦してみるなど，新しい機会としてうまく利用すべきという教訓が強調されている。興味のないことに見向きもせず，自らの視野を狭めるようなことのないオープンマインドの姿勢が大切とするものである。

　さらに，クランボルツは，そうした偶然は偶然に訪れるわけではなく，幸運な偶然のめぐり合わせが起きやすいように行動していくべきことを強調して，"Luck is no accident!" というタイトルの啓蒙書も著している（Krumboltz, 2004）。その著書の最初はつぎの言葉で始まられている。『人生の目標を決め，将来のキャリア設計を考え，自分の性格やタイプを分析したからといって，自分が望む仕事を見つけることができ，理想のライフスタイルを手に入れること

ができるとは限りません。(中略) 結果が分からないときでも、行動を起こして新しいチャンスを切り開くこと、偶然の出来事を最大限に活用することが大事なのです』(Krumboltz, 2004/花田ほか訳, 2005, p.1)。

4) 自己効力感をもとにしたキャリア発達論②：社会認知的キャリア理論

つぎに、キャリア選択行動を実証的な研究によって示されたモデルを紹介しておく。これは、キャリア選択行動に関する実証研究によるモデルで、図4-4のような図式で示される (Lent, Brown & Hackett, 1994)。「自己効力感」のほか、「基本的な特性」「生育環境」「学習経験」「結果への期待」「興味」「目標」「キャリア選択」「キャリアの成否」によってキャリア選択行動の流れが説明されている。もともと備わっている特性 (基本的な特性)、生まれ育った家庭や教育環境 (生育環境) をもとに、さまざまな経験を経て前項のような学習が進み (学習経験)、それが自己効力感を高めることになる。そして職業選択の結果に対する期待 (結果への期待) をふくらませながら、興味を広げたり (興味)、具体的な活動目標を定めたり (目標) するなどして、キャリアを選択していく (キャリア選択) というプロセスである。

自己効力感が高まることによって、職業選択の結果に対する期待が高まるだけでなく、興味を広げたり高い目標にチャレンジしていったりする。また、逆に自己効力感が失われると、結果への期待は小さくなるし、興味が失われたり

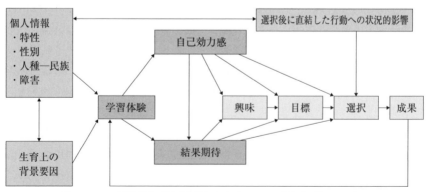

図4-4　自己効力感を基礎としたキャリア選択行動のモデル
(Lent et al., 1994/宗方訳, 2007, p.115 より作成)

目標も下げられることになり，挑戦心も萎えてしまうことになる，という説明である。分かりやすいモデルで，日本にも影響を与え，「社会認知的キャリア理論（SCCT：Social Cognitive Career Theory）」として広く紹介されている（安達，2003；宗方，2002；同，2007）。

適合性や意思決定モデルにおける目標の位置づけを下げて，その場の変化や偶然を重視するものである。キャリアの選択という意思決定の問題ではなく，時間軸を意識しつつ，長期にわたるキャリアをデザインするという視点や確固たる意志や計画性よりも変化に対する柔軟性や楽天性が強調される。

もちろん，目標や計画を立てることに意味がないということではなく，計画どおり展開できるようなものではないし，自分で立てた目標だからといってそれに捉われ過ぎないほうが良いということである。自由でおおらかな発想で進むべき道を選択していくことが奨励されているのである。

4節　キャリア・ライフの統合をめざすアプローチ

1）　自己語りに注目するキャリア適応の理論：サビカス

これまでキャリア発達に関するさまざまな理論を整理してきたが，それらはその時代の社会経済の動向を背景として展開されたものである。近年の経済の成熟化が進み，技術革新のスピードが速まっている状況を背景にした理論が，サビカスの「キャリア構築理論（career construction theory）」と呼ばれるものである。サビカスは，スーパーやホランドの指導を受け，これまでの諸理論を統合しつつ，変化の激しい時代に沿った理論を提唱したものである（Savickas, 2005）。

個人，組織，社会のいずれも流動的であることを前提として，キャリア発達をつぎの3点を軸とした理論である。すなわち，①自ら探索し見出すものとしての職業パーソナリティ，②自らを克服して適応していく過程としてのトランジション，③キャリアストーリーとして語られるライフテーマである。

① 自ら探索し見出すものとしての職業的パーソナリティ

ホランドの職業的パーソナリティの概念で，職業にかかわる6つの価値意識に照らしながら自己の特徴を特定する過程は，職業を通じて自己概念を表現するものと捉えられている。また，6つの枠組みは，職業を理解する枠組みであ

ると同時に学部学科，趣味活動などさまざまな社会環境を捉える枠組みとしても意味がある。つまり，自己概念を明確にするとともに社会における位置づけを職業的パーソナリティの枠組みで捉えるアプローチとして意義が指摘できる。

② 自らを克服して適応していく過程としてのトランジション

スーパーはライフ全体のサイクルを「成長」「探索」「確立」「維持」「退行」の5段階で説明すると同時に各節目のトランジションでも，同じようにこの5つの段階を踏むことを示した。すなわち，ライフ全体の「マキシサイクル」に対してトランジションにおける「ミニサイクル」である（第1章参照）。

変化の激しい環境においては，とくにこのミニサイクルにおける変化に適応するサイクルとしての意味があるとした。そしてこのプロセスを「キャリア適応（career adaptation）」と呼び，キャリア，あるいはトランジションに対する適応力を蓄えておかねばならないとしている。そこでは，関心→統制→好奇心→自信の4つのプロセスが想定されている。すなわち，キャリアが現在から未来に向けて広がっていることやそこで願望やビジョンを実現させられる可能性をイメージする（関心），キャリアを構築する責任は，ほかならぬ自分にあると自覚し，主張，決断しようとする（統制），職業の内容や労働市場の動向を調べ知識や情報を増やし，自分としての可能性を探求する（好奇心），キャリア選択の決断に際して成功の予感を持つことができる，いわゆる自己効力感を持つ（自信）である。

③ キャリアストーリーとして語られるライフテーマ

なぜその仕事を選択し，どのような意義を見出しているかなど個人が重視していることをライフテーマとしている。いわゆるアイデンティティで，成熟化した社会において，価値意識，行動の動機や意味に焦点を当てたもので，キャリアを方向づけるものと位置づけられている。

ライフテーマは，それまでのキャリア・トランジションにおける気持ちや決断のきっかけ，拠り所などが語られる中で明確になる。その自分自身に関する意思や行動に関する自己語りをキャリアストーリーと呼び，個別具体的な話の中に存在する一貫したまとまりが自分自身に説くようにしてライフテーマが見出されていくものとされる。

以上，核となる3つの概念を見たが，これまでのキャリアに関する理論を統合する視点があることに気づく。職業パーソナリティをキャリアの環境との関

係から自らを定義し，トランジションに対する柔軟でダイナミックな対処を目指し，さらに自己を語る中から自らと自らの社会への貢献のあり方を見定めていくものである。キャリア構築理論の名称から分かるように，キャリア発達を自己と自己の社会における位置づけを作り上げていくプロセスとしているように思われる。ちなみに，サビカスを紹介する渡辺（2007）は，「キャリア構築理論は，20世紀の理論モデルを統合した上で，21世紀の社会的要請に応えるために誕生したと言える」（p. 195）と述べている。

2) 統合的ライフプランニングの理論：ハンセン

サビカスのキャリア構築理論は，流動的な社会に対する適応のプロセスが強調される考え方であった。ハンセンの理論も複雑で変化の激しい現代社会にあって，仕事だけでなく，個人生活，さらには社会全体に目を向けて自らのあり方を考えさせようとする理論である。スーパーの提唱した理論の一つに「ライフ・キャリアの虹」（p. 7）があったが，その延長線上に位置づけることができる。しかしライフに注目するだけでなく，異文化の多様な価値，多様なコミュニティとの関係性も視野に入れながら，キャリアとライフ全体を統合する精神性（spirituality）が強調されている（Hansen, 1997／平木ほか訳, 2013）。

理論の中心テーマとなっている「統合的生涯設計（Integrative Life Planning）は，以下に示す6つの鍵となるテーマを提唱している。キャリアを支えるすべての側面に関心を払い，その全体を統合するところに安寧と幸福があるとする。

① グローバルな文脈のなかで自分のキャリアを考える

ITなど技術革新のスピードが速まるとともに，日常的なテーマが広くグローバルに関連をもつようになっている。世界の大きな変化や解決しなければならない課題の多くは，我々の日常的な仕事，家族，教育と関連がでてきており，グローバルな視点でものごとを考える態度が必要となる。

② 人生全体から意味を大切にして自分のキャリアを考える

仕事は仕事そのものだけでなく，人種，性，年齢，能力などのアイデンティティの側面，人間関係，体力，精神性，情緒などの発達的側面，家族，仕事，学び，余暇などの金銭・安寧をもたらす活動的側面，個，家族・組織・社会の生活空間など全体から人生の意義を考える態度が必要である。ちなみに活動的

側面の原語は role で、スーパーのライフ・キャリアの虹にも登場した「役割（role）」のことである。

③ 家族との関係から自分のキャリアを考える

　キャリアを単に仕事の問題としては単純には考えられない。なぜならキャリアの基盤には家族の存在があり、その家族のあり方が多様化しているからである。また、家族のあり方の多様化に合わせて職場や雇用のあり方も変化している。具体的には、結婚、共稼ぎ・家事、子供の養育、親の介護などとの関係全体からキャリアを考える態度が求められる。

④ 多様な価値基準、多様な社会のありかたを視野に入れて自分のキャリアを考える

　経済の成熟化に伴い、文化、価値意識が多様になり社会全体に自分の居場所を見出すことが求められる。人種、性、身体的障害、年齢、信条、地域性などの多様性の各々を尊重し、自らのキャリアを発達させていく態度が求められる。

⑤ 物質主義を超えた精神性（spirituality）をもって自分のキャリアを考える

　物質主義、すなわちお金を獲得し高価な物を得ることを目標の上位に置くことであるが、それを否定しなければならないという意味ではない。それを一つの視点としつつ、人生におけるキャリアをさらに上位からの意義づける態度が求められるということである。

⑥ 自分自身の加齢、社会の変化と組織の変化の全てを視野に入れてキャリアを考える

　キャリアの形成過程には、個人の加齢、家族の状況変化だけでなく、社会の発展・変化、さらにそれに対応する組織の変化が介在している。したがってキャリアの展開に際しては、思いがけない成功やつまづきが伴うことを前提にしなければならない。変化全体を視野に入れた意思と歩みが求められるということである。

　あまりにも広範な問題を取り扱うため、キャリアを考える焦点を定めにくいし、哲学的でさえあり複雑で難しいように感じられる。キャリア発達の理論的な研究が深められたわけであるが、社会・経済が複雑で変化が激しくなったことをあらわすものであろう。

> **コラム**
>
> 個人のキャリア発達と
> 組織の経営戦略

　企業経営の進展にはさまざまな転換点があり，その都度，経営者が組織としての意思を決めている。新商品の開発，工場においての機械の更新や導入などである。また，新規事業・新市場への進出，経営統合など英断が求められる場面に遭遇したり，自ら大きく舵を切る意思決定をする場合もあろう。

　こうした企業の意思決定においては，それまでの事業の歴史を振り返って意味づけすることが必要になったり，自社における資源の強み，競合会社・市場の動向を分析することが求められる。そのために従業員と討議したり関係者に相談するなど，幅広く意見が集められる。その上で，経営者が将来の計画やビジョンを描いて決断する。経営戦略は，こうした大小の意思決定の積み重ねによって展開されている。

　経営戦略の意思決定には標準的なモデルもあるし，支援する専門のコンサルタントの活躍も見られる。しかしながら，同じ業界でも同じ戦略がとられるわけではなく，長い間には企業の特徴が鮮明になってくるものである。つまり，企業は経営の意思決定の積み重ねによって，市場や関連企業などとの関係性の中で時間的連続性をもってユニークに存在している。そして作られた実績に対して，社会的な意味を見出しつつ，将来に向けて計画やビジョンを掲げて進んでいく。

　翻って働く人のキャリア発達を考えて対比してみよう。企業組織は法の上のみのもので実体を持たないし，無限に生き続けることが可能な存在である。それに対して人は確かな実体のある有限な存在で大いに異なる。しかし，経営意思の決定の過程は人のキャリア発達と似た点も多い。キャリア発達において，「戦略」の用語は勇まし過ぎて違和感を覚えるが，そのことを除けば対比させて，上の文の企業を人に，あるいは経営戦略の連鎖をキャリアに置き換えて読めば，キャリアの話として理解することができることに気づく。

　金井（2002）は，経営戦略論とキャリア設計論を対比させて説明しており，キャリア発達を考える上での新たな視点が提供されているようで興味深い。

キャリア・ストレス

　キャリアを学ぶとき，キャリア発達過程における大小さまざまな障害について理解を深めておかねばならない。とりわけ心理的な側面の障害はキャリア発達と関連が深く，多くの研究成果や実践的な取り組みが報告されている。

1節　キャリア・ストレスとは

1）ストレスとは

　ストレスという言葉は，もともとは物理学の用語で，物体に高い温度や圧力などの刺激を与えたとき，その物体の内部に生じる発熱，歪みなどの変化を意味するものである。風船を押さえるとへこみ，放せばまた元に戻るが，人間も環境の温度や物理的な刺激があると，それに抵抗して変化や歪みを示す。心理的な心も同様に刺激に対して変化や歪みを示し，この心理学的な歪みがストレスと呼ばれているものである。

　外からの押さえる力が「ストレス要因」で「ストレッサー」とも呼ばれる。そしてこのへこみ，すなわち心理的な緊張がストレスである。またストレスを元に戻す力が働いたり，ときには破綻してしまったりするなどの影響を「ストレス反応」，あるいは「ストレイン」と呼んでいる。本書では，分かりやすい用語として，ストレス要因，ストレス反応を用いることにする。

　ストレス要因のうち企業で働く場合に見られる要因は，表5-1のように整理される（小杉，2002）。

2）初期のストレス研究

　ストレスの研究は，カナダの生理学者セリエが1930年代に動物実験から提唱したストレス学説が有名である。有機体にかけられるストレスに対する反応

表5-1　職場におけるストレス要因
（小杉，2002，p.178 より作成）

- 組織メンバー全員に共通する要因
    - 組織の経営状態や将来に対する不安
    - 社会からの組織評価や組織イメージの低下
    - 労働組合の未組織や活動状況
- 所属する職場における要因
    - 組織全体における担当職場の重要性
    - 組織目的と担当職場・職務との関係性
    - 構成メンバーの年齢構成の不均衡
    - 仕事の見通しの欠如
    - マネージャーの不適切な評価や指導の仕方
- メンバー個人の要因
    - 能力・スキル・資格の欠如
    - 年齢，経験，学歴などに不適合な職務内容
    - 専門性欠如，不適切な配置，人間関係の葛藤
    - 不適切な仕事の進め方

は，疾病，過度の暑さや寒さ，心理的な苦痛，過度の運動など，ストレス要因の内容が異なっても一定の防御的な反応が見られることを見出した。その普遍的なストレスの影響は「一般適応症候群」と呼ばれ，①警告的な反応をあらわす段階，②抵抗または適応的な変化をする段階，③抵抗を失って生命を維持できなくなる段階（疲憊），の3段階で説明されている。有機体の環境適応のメカニズム全体を視野に入れた基本的な原理を説明する理論と言えよう。

　また，心理的なストレスに関する研究として，1960年代のラザルスの「認知的ストレス理論」も代表的な研究である。ストレスを引き起こす要因とそれをどのように受け止めるかを分けて，前者を一次的評価，後者を二次的評価とした。両者は相互に影響し合うものであるが，ラザルスは後者の受け止め方を重視した。その受け止め方は，苦痛を伴う問題を処理し変化させていく「問題中心型（problem focused）」と問題に対する情動的な反応を調節していく「情動中心型（emotion focused）」があるとした。根本的な解決には，前者の問題そのものを解消させるアプローチが必要に思える。しかし，解決不能な問題の場合は問題に対処しようとすると疲弊しつくしてしまうこともある。したがって，問題をどのように受け止めるかなど，問題といかに折り合いをつけるかを考える後者のアプローチのほうが建設的な場合も少なくないとされた。

　このほか，遭遇する事件から元の生活に戻るために必要な時間とエネルギー

表5-2　社会再適応評価尺度
(Holmes & Rahe, 1967/小杉訳, 2002, p.12 より作成)

順位	出来事	スコア	順位	出来事	スコア
1	配偶者の死	100	23	息子や娘が家を離れる	29
2	離婚	73	24	親戚とのトラブル	29
3	夫婦別居生活	65	25	個人的な輝かしい成功	28
4	拘留	63	26	妻の就職や離職	26
5	親族の死	63	27	就学・卒業	26
6	個人のけがや病気	53	28	生活条件の変化	25
7	結婚	50	29	個人的習慣の修正	24
8	解雇・失業	47	30	上司とのトラブル	23
9	夫婦の和解・調停	45	31	労働条件の変化	20
10	退職	45	32	住居の変更	20
11	家族の健康上の大きな変化	44	33	学校をかわる	20
12	妊娠	40	34	レクリエーションの変化	19
13	性的障害	39	35	教会活動の変化	19
14	新たな家族構成員の増加	39	36	社会活動の変化	18
15	仕事の再調整	39	37	1万ドル以下の抵当（借金）	17
16	経済状態の大きな変化	38	38	睡眠習慣の変化	16
17	親友の死	37	39	団らんする家族の数の変化	15
18	転職	36	40	食習慣の変化	15
19	配偶者との口論の頻度の変化	35	41	休暇	13
20	1万ドル以上の抵当（借金）	31	42	クリスマス	12
21	担保，貸付金の損失	30	43	わずかな違法行為	11
22	仕事上の責任の変化	29			

からストレスの大きさを数値で示す工夫をした研究がある。1960年代のホームズとラーの研究で，「社会再適応評価尺度」によって，遭遇するさまざまな事件の大きさを数値で示す指標を作成している（表5-2）。インパクトの大きい出来事を俯瞰して，ハザードマップ的な意味を持たせる有効なリストということができよう。しかしながら，ストレスの事態が複雑で個別性が強いため，ストレスの大きさを示す値を一般化することが難しく，このアプローチはあまり用いられなくなっている。

3) ストレスと疾病との因果関係をあらわすモデル：因果関係モデル

　ストレスを説明する1970年代のクーパーとマーシャルの「因果関係モデル」も後に大きな影響を与えた研究である。多様なストレス要因が精神的障害を生じさせ，さらに身体的疾患に発展するという因果関係が示された（図

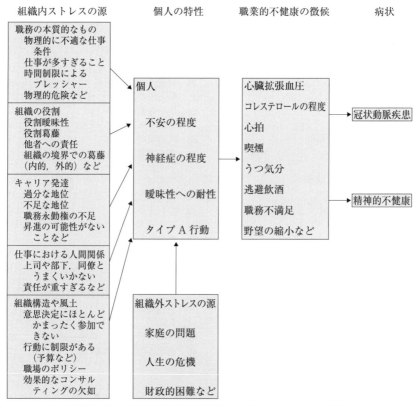

図5-1 ストレスと精神的障害・身体的疾患との関連
(Cooper & Marshall, 1976/金井訳, 2000, p. 12)

5-1, Cooper & Marshall, 1976/金井訳, 2000)。ストレスとそれが招く疾病というシンプルなモデルで,ストレス研究の基本的な枠組みとして日本でも広く紹介されている。

組織内のストレス要因としては,職務の性質,組織における役割,処遇,職場の人間関係・責任,マネジメント・組織風土があげられている。一方,仕事以外のストレス要因としては,家庭,ライフイベント,金銭上の問題なども視野に入れられている。それらが影響して,働く上での障害となり,ついには健康を害すると説明される。日々の職務行動やマネジメントのあり方が働く個人にストレスになり,ときに精神的に不健康な状態を招来して疾病に至ることは,

近年では一般に知られるところとなっている。

　その後，他の研究者からは，この因果関係は他の要因によって不健康な状態や疾病につながらない場合もあることを示すモデルも提示されている。すなわち，年齢，性別，パーソナリティなどのほか，知人・職場の同僚や家庭からの支援などにより，同じストレスの状況でも結果は異なるとされている。

4) 個人―環境の適合性をもとにしたモデル：個人―環境適合モデル

　因果関係モデルと同じ1970年代の研究で，「個人―環境適合モデル」と呼ばれるモデルがある（French, et al., 1974；Edward, et al., 1998など）。ストレスは，人のニーズと環境の状況が不適合になるときに生じるとする考え方である。求められる能力を保持していないために円滑に職務をうまくこなせない場合や，逆に職務が簡単過ぎてつまらなく感じてしまう場合が不適合となり，ストレスが生じるとされる。

　ここで言う個人には，客観的な個人の能力・性格などの特性とそれらの主観的な自己評価を想定することができる。同様に，環境にも客観的な環境と知覚された主観的な環境がある。そうすると適合性は，①客観的な個人と客観的な環境，②客観的な個人と主観的な環境，③主観的な個人と客観的な環境，④主観的な個人と主観的な環境の4つの組合せを検討することになる。これらの適合性が崩れるときにストレスが生じるとされたわけである。当初はこれらすべての場面の適合性に焦点が当てられていたが，後の研究によって，双方とも認知による主観的な適合性（④）のみが強調されるようになっている。

5) 職務の質・量と裁量範囲のバランスにもとづくモデル：
　　要求―コントロールモデル

　求められる仕事の質や量（職務の要求）と裁量範囲（コントロール可能な権限や能力）のバランスがストレス反応につながるとする「要求―コントロールモデル」と呼ばれるモデルがある。1970年代後半の研究で，米国とスウェーデンのデータをもとにして，仕事から求められる要求が大きいほど，またそれを自分で調整したりこなしたりすることができないほど，ストレスが生じやすいことが実証されている（Karasek, 1979）。つまり自身でコントロールができれば，強いストレスも克服できるということである。

最近の職場では，仕事が細分化されることによって裁量の幅が狭くなり，自律性が失われたり疎外感におそわれたりしやすいとされている。仕事の要求には仕事の量的な負荷，突発的な出来事，職場の人間関係などが含まれ，コントロールの可能性には意思決定の権限やスキルの自律性があげられる。そして，要求が高くコントロールが難しい場合が最もストレスが強く，要求が低くコントロールしやすい場合が最もストレスが少ないことが確かめられている。

2節　ストレス反応

ストレスは，疾病につながるなど，深刻な影響を及ぼすことがある。しかし，状況によってはネガティブな影響が抑えられ，さらにはポジティブな結果をもたらすこともある。まず，一般的なストレス反応には，どのようなものがあるかを整理しておこう。

1）　3種類のストレス反応

ストレスを受けると，いつもと違うさまざまな反応が生じてくる。そのいつもと何か違うことがたびたび起きると，それがストレスによるものかに気づくことができるようになる。こうしたストレス反応は，いわば警告として発せられるもので，自覚することによって何らかの対処をするように心がけることができる。

ストレス反応は，一般に①身体的な反応，②心理的な反応，③行動的な反応の3つに分類される（島，2007；増田，2007）。

① 身体的な反応

よく見られるのは，頭痛や頭重感であるが，他に，動悸，喉のつまる感じ，胃痛，腹痛，めまい，尿が近い，微熱，息苦しさ，咳，吐き気，下痢，便秘，生理不順，背部痛などである。

心理的なストレスが身体に影響を与えるのは，脳への刺激が自律神経系，内分泌系を通じて体の諸器官に影響を与えるからである。ちなみにこうしてストレスが身体的な障害の原因となった疾患は心身症と呼ばれる。

② 心理的な反応

人によって異なるが，心理的に不安になり落ち着かなくなり，イライラを感

じることが多い。また，ときには落ち込んで活動の意欲がそがれてしまうこともある。このほか，怒り，集中力低下，持続力低下，無気力，抑うつ，自己評価の低下などがあげられる。

　こうした心理的な反応が昂じると，睡眠障害，食欲不振，さらにうつ病を発症することがある。

③　行動的な反応

　人によってその内容は異なるが，行動に変化があらわれることがある。たとえば，過食，飲酒量の増加，過眠，多動，多弁，引きこもり，遁走などである。このほか，ギャンブルへの耽溺，多量の喫煙や闇雲に買い物をしてしまう，などもあげられている。また，職場では，ミスが増える，遅刻・欠勤が増える，判断や決定の質が低下するなどの結果に至ることもある。

2)　ストレスと生産性

　ストレスの影響の大きさや様相は，一定ではなく置かれた状況や個人によって異なる。たとえば，性格やストレスとのつきあい方の巧拙，生活リズムの正しさ，体質的な素因，年齢，性差，などのほか，季節的な要因や周囲の支えの有無などとも関連がある。

　しかし，それらを超えて生産性に与える一般的な影響の傾向も見られる。強いストレスがあれば活動が鈍り生産性に影響が及ぶが，少なければ少ないほど良いというわけではない。ストレスのまったくない状態を考えると，それはかえって大きな緊張を招き，決して良い状況ではないことは想像に難くなかろう。また，ストレスは，常に疾病などネガティブな影響のみをもたらすのではなく，状況によってはポジティブな効果をもたらすこともある。さらに同じストレスの状況下においても，ネガティブな反応を示す場合もポジティブな反応を示す場合もある。

　生産性とストレスの強さとの関係は図5-2のとおりで，ある水準まではストレスが高まることは，むしろ「快」であるが，限度を越えると，「不快」となり急激に生産性を落とし破綻するという関係と考えられる（野村，2006）。この限度を示すストレスが快から不快に変わる水準，不快から破綻に陥る限度となる水準は，個人差や文脈によって異なるし，主観的なもので第三者に見定めることが難しいものである。

5章 キャリア・ストレス

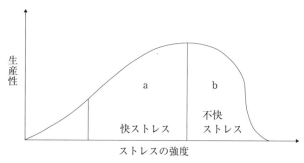

図5-2 ストレスの強さと生産性の関係
(野村,2006, p.10)

3) ワーク・エンゲイジメント，ワーカホリズム，バーンアウト

いくつかの極端な反応を示すポジティブ，ネガティブなストレス反応をあげておこう。ストレスに対峙し，持てる力をフルに発揮できる状態が目指されるべきものであろう。心身ともに充実感があり，仕事・個人生活両面で満足でき，成果を十分に上げられ周囲の評価が得られている状態で，仕事に心地よく取り組み充実感が得られている状態である。こうした状態は「ワーク・エンゲイジメント」と呼ばれる（Schaufeli & Bakker, 2004）。ストレスとそれを克服する個人の能力や取り組み意欲，姿勢が状況適合的で，コントロールできたケースと言える。

しかし，取り組み姿勢のわずかな違いや意欲のあり方がほんの少し異なることによって，ネガティブな反応になることもある。使命感は十分であるがゆえに，また，がんばろうとするがゆえに健康を害して満足も成果も得られない事態に陥ってしまう場合である。仕事にとりつかれて休息をとろうともせずに働き，長期的には身体の不調をきたすケースは「ワーカホリズム」と呼ばれる。自覚のないまま仕事に駆り立てられ，またそうした状態を是としてむしろ楽しんでいる場合さえある。短期的には高い生産性を示すこともあるため，障害に見えないこともあるが，長期間続くと過労や不健康な日常に陥りやすい。

また，同様に意欲とがんばりの結果として，消耗感に襲われる「バーンアウト」と呼ばれる障害も知られている。心的なエネルギーを使い果たしたことによるものであることから，日本語では「燃え尽き症候群」と名づけられている。1970年代に米国でボランティア活動や貧困を支援する弁護士に発見されたも

ので，その後，教師，看護師，ソーシャルワーカーなどの人に奉仕する職業に広く見られることが報告されている。人が人にサービスする仕事では，そのサービスの目標水準や限度があいまいで，意欲が高い場合に徹底した努力を尽くして消耗しきってしまうもので，モーターに長時間の負荷をかけ過ぎて焼き切れてしまうようなものである。

バーンアウトとは，つぎの3つの症状に見舞われるものである。すなわち，①消耗して疲れ果てる（情緒的疲弊感），②サービスする相手を人格のないものとして冷淡な態度を示す（非人間化），③仕事に集中できず，成し遂げた充実感・達成感が得られない（達成感欠如），である。その後，同様の障害が，他の職種にも見られることが報告され，疲弊感，シニシズム（何事にも冷笑するような態度を示すこと），職務効力感欠如の3点で説明されている。

ストレスを克服することによって大きな充実感が得られることもあるが，ときにその意欲とパワーゆえに障害に見舞われることがあるわけで，そのバランスは微妙なものである。

4） ソーシャルサポート

職場のストレスは，一人で乗り切るのには限界がある。職場での上司や同僚とのやりとりはストレス要因にもなるが，一方ではストレス反応を和らげたり職場の雰囲気を健全なものにする効果も期待できる。こうした人間関係や人のネットワークによってストレスが和らぐ働きは「ソーシャルサポート」と呼ばれている。さまざまな対人関係や集団・社会から得られるサポートがあり，職場のみならず家庭や友人，さらにはカウンセラーなどの専門家なども含むサポートのネットワークとなっている。こうしたソーシャル・ネットワークとのつながりによって危機的状況やストレス要因に対処し，身体的，精神的健康を維持，促進させるメカニズムなのである。

ソーシャルサポートの内容は，「道具的サポート」と「社会情緒的サポート」に分類される（浦，1992）。道具的サポートは，ストレスを克服するための物や環境，およびそれらを入手するための情報を提供する支援である。一方の社会情緒的サポートは，直接慰めたり励ましたりするなどの，心の傷を癒す働きかけである。

癒しの内容をもう少し詳しく見ると，つぎの5つに整理される（Maguire,

1991)。
①自己意識に気づかせる：関係性の中から自己の特徴やあるべき姿について気づきを得るように働きかける。
②肯定的な評価によって勇気づける：自分の行ったことを肯定的に受け止め、建設的に行動するように働きかける。
③ストレスから守る：心からの関心と共感を示すことによってストレスを和らげるように働きかける。
④課題解決に必要な知識・情報・資源を提供する：直面する課題を克復するために必要な知識や資源、さらにそれらを得るための情報を提供する。
⑤他人や社会と接触する機会を提供する：第三者を紹介したり会合に参加を促したりするなど機会を提供する。

職場におけるこうしたサポートは、ストレスを和らげる直接的な効果や、症状を悪化させないよう緩和させる効果があるが、さらに、職場の雰囲気にも影響を与え、次節のメンタルヘルスの環境整備にもつながるとされている。

したがって、ソーシャルサポートの整備は、組織をあずかる経営管理者の重要な役割と言ってもよい。また人材マネジメントの施策として体系的に展開するのが、後述のメンタリングということになる。

3節　メンタルヘルス

1)　メンタルヘルスとは

メンタルヘルスはメンタル（精神的）とヘルス（健康）の2つの用語が重ね合わせられたもので、精神的健康ということになる。精神的健康という用語には、偏見にもとづいた暗いイメージがつきまといがちであることから、カタカナでメンタルヘルスと表記されることが多い。

心の問題は、目に見えないもので微妙な様相を示すものである。ストレスが高まると落ち着きを失い散漫になって、十分な機能を果たすことができなくなることがある。そこで、問題が表面化した人への支援や破綻をしないような予防策が講じられる。医学的な治療のほか、ストレスに対して過度に緊張することなく柔軟に対処し、良い状態で働くことができるようにする方策である。あるいは、さらに健康度を高めることも視野に入れられる。メンタルヘルスは、

一言で言えば「心の健康の保持・増進」ということになる（島，2007）。

　しかし，それは働く人の心を操作できることを意味するものではない。人間は理性の動物であると同時に感情の動物であり，第三者がその心を操作することはできるものではないし，すべきものでもない。心を操作する姿勢や働きかけでは，問題解決はむしろ遠のかせてしまう。個人を最大限に尊重する環境を整備するところにこそ，個人の能力を最大限に発揮させる健康な職場が作られるのである。その意味では，メンタルヘルスは人事施策ではあるが，制度の問題以上に，経営管理者のマネジメントに対する姿勢や人間観にかかわる問題と言える。そして，経営者，管理者，一般社員など立場にかかわらず働くすべての個人の問題なのである。

2） メンタルヘルスの障害

　メンタルヘルスの問題を考えるためには，まず仕事ができなくなるような障害にどのようなものがあるかを理解しておく必要があろう。障害は，ちょっとした不調から克服に大きなエネルギーのかかるものまで多様である。身体的な病に，風邪やすりむき傷などの軽いものからダメージの大きな疾病まで多様であるのと同じである。一般入門書に従うとおもな障害には，つぎのような病が紹介されている。

　うつ病，パニック障害（不安発作），職場不適応，さらにそのほかの病として，身体があちこちおかしい（身体表現性障害），対人恐怖症（社会不安障害：SAD），強いこだわり・とらわれ（強迫性障害），トラウマ（外傷後ストレス障害：PTSD），拒食症（摂食障害），偏った性格（パーソナリティ障害），依存症（嗜癖），心身症，統合失調症があげられている（島，2007，pp. 78-112）。

　これらの詳細を理解するには，臨床心理学や医学の知識が必要であるが，島（2007）のほか多くの啓蒙書が出版されているので，参照いただきたい（たとえば，野村，2006；高橋・松本，2007など）。

3） メンタルヘルスのための予防と対処

　メンタルヘルスは，個人の健全なキャリア発達のための大切なポイントであるが，同時に組織，社会にとっても大きな問題である。なぜならば，職場や家

庭などの環境，人間関係のあり方がメンタルヘルスの鍵となっているからである。また，社会が複雑化し変化のスピードが速まるに伴い，社会全体がメンタルヘルスが損なわれやすい状況になっているからである。そして，いったん障害が発生すると，回復に時間と労力が必要となり周囲への影響が大きいからでもある。

そうした事情に加え，障害に陥るケースが増えてきた状況を受けて，国策として1988年に，「心と健康づくり（THP：Total Health Promotion Plan）」が打ち出され，メンタルヘルスの保持，増進を目指した活動が展開され始めた。続いて1992年には組織に対して快適職場作りの指針が示され，さらに，状況が悪化してきたことを受けて2000年に事業場における労働者の心の健康づくりのための指針が出された。2006年度には，改正労働安全衛生法が施行され，組織管理者がメンタルヘルスの観点から実施すべき施策の原則が法律として示されるところとなっている。指針としてではなく，法律として経営管理者にケアをする義務を課した意義は大きい。

メンタルヘルスを促進させるための方策は，①セルフケア，②職場におけるケア，③産業保健スタッフなどによるケア，④外部に委託するケア，の4点に整理されている。

① セルフケア

セルフケアは，自分自身による健康管理ということで，メンタルヘルスについて理解を深めておき，不調を感じたときには身の回りの人に話を聞いてもらったり，産業医や保健師などの専門家に相談したりするなどである。また，リラクゼーションや自律訓練法などのスキルを身につけるようにしたり，自己診断のための簡易なチェックリストを利用するなどもセルフケアの一環である。ちなみに自己診断のチェックリストの中にはweb上に公開され，簡易に自己診断できるものもある（たとえば，中央労働災害防止協会 http://www.jisha.or.jp/health/index.html）。

② 職場におけるケア

職場におけるケアとは，職場の管理監督者が，職場環境や仕事の進捗，さらに部下の心の動きにも注意を払い，能力が発揮されやすいように配慮することである。前節のソーシャルサポートはこの一環である。具体的に留意すべきは，空調・照明などの物理的な職場環境，部下との信頼関係の構築，あるいは部下

間の健康的な人間関係の維持，部下の労働時間の調整などのメンタルヘルスの条件整備があげられる。また，部下のメンタルヘルスに気を配り，問題の小さい段階で必要な措置を講じることも大切である。口数が急に減る，意欲を失っている，よく風邪をひくようになったなど，普段と異なる様子が見られた際には，管理者が状況を把握して，相談に乗ったり仕事を調整したりするなどの対応が期待される。

③ 産業保健スタッフなどによるケア

産業医，保健師，カウンセラーなど組織内の専門スタッフによるケアで，定期的な健康診断，現場の巡回のほか，不調を訴える従業員の相談に乗ったり組織外の専門機関を紹介したりするなどの活動である。最近では，精神的な問題のみでなく，キャリア・カウンセラーを養成して，キャリアにかかわる相談に応じる体制を整備する企業も増えている。

④ 外部に委託するケア

組織から組織外の医療機関や相談機関に対して，不調で専門的な措置が必要と思われる従業員に対するケアを依頼する。または，従業員が直接それらの機関に相談する。医療機関では投薬を含む治療がなされ，相談機関ではカウンセリングなどが行われる。従業員に対するケアを組織外から支援するサービス機関は，EAP（Employee Assistance Program）と呼ばれる。組織外の機関は，社内事情を理解できていないゆえのデメリットもあるが，逆に第三者ならではの個人的な支援をしやすいメリットがあり，組織内の専門スタッフとの効果的な連携が模索される。

以上，4つのケアがあげられているが，さらに家庭の果たす役割が重要であることも指摘できる。家庭はストレスに対する最後の砦とも言うべきで，ストレスを癒す安寧の場としての意味が大きい。

> [!NOTE] コラム
> 「良いがまん」と
> 「悪いがまん」

『わたしがちょっと心配しているのは，その世界が自分にあっているのかどうかを感知できるほど，十分な努力を投入する前に，すぐに仕事を変わってしまうことだ。』これは，キャリア研究に取り組まれる金井壽宏先生のご著書の一節である（金井，2002，p. 211）。

キャリアにおける困難は，働く多くの人が経験するものであるが，簡単に逃げ出すのは徹底してがまんしてみてからすべし，というエールであろう。「石の上にも三年」のことわざが思い起こされる。しかし話は，これに終わらない。金井（2002）は，そのがまんに良し悪しがあると言う。がまんの放棄は論外として，ここで，もう少しがまんの正体を考えてみよう。徹底して全力でぶつかるがまんは「良い」，他に機会があるにもかかわらず現状にウジウジ留まるがまんは「悪い」ということであろうか。

これには疑問が返ってきそうである。困難から逃げずに，しっかり良いがまんをしても，成功が約束されているわけではないのではないか。一方，ウジウジ留まる悪いがまんによって，思わぬ好機に恵まれることもあるはずだ。長い目で見ると成功に見えた良いがまんが災いすることもあるし，失敗を契機に最終的な果実をものにできることもあるのではないか，などなどである。

がまんと成功・失敗の因果は複雑なようである。おそらくがまんと成否とは無関係で，「良いがまん」は忍耐と努力のプロセスでなく，結果が成功・失敗のいずれとしても，そこから学びを得る確かな心にあるかもしれない。一方の「悪いがまん」は，自分の殻に閉じこもって身を固くし続けたり，疲弊や失敗の原因は他者にありとして学ぼうとしない逃げの心かもしれない。

がまんがどのようなものであれ，自らの意思で進路を決め，その成否にかかわらず結果を受け入れて，学びの糧にする逞しい心が鍵と言えそうである。これが金井（2002）の「良いがまん」なのかもしれない。

個と組織とキャリア

　キャリア発達の様相は多様であるが、一般企業、公共団体、非営利組織など、何らかの組織の一員となって働く場合が多い。したがって、キャリアやキャリア発達を理解するためには、組織はどのようなものかを理解し、個人と組織の間で起きるさまざまな事象に注目しておかねばならない。ある目的のもとに複数のメンバーが役割を分担して協働するのが組織であり、そこで展開される人間の行動や態度は、組織の求めるニーズと一致する場合ばかりではなく、ときにギクシャクすることもある。

1節　組織におけるキャリア

1)　組織内のキャリア

　組織には複数の役割があり、メンバーは何らかの役割を担っている。そしてその役割を変えながら、またさまざまな人とかかわりながら組織内のキャリアを蓄積していく。役割は、企画、営業、技術、生産、一般管理などの職能の分担と一般社員、監督職、管理職などの階層の分担がある。組織内のキャリアでは、異動により複数の職能を経験をすることもあるし、一つの職能を掘り下げて深めていく場合もある。また、一般社員として実務を経験し、実務を指導する監督者層に、さらに仕事の方針を検討したり計画の立案や判断をしたりする管理者層に展開していく場合もある。また、管理者の立場にはならず実務経験を深めて専門家としての役割を担う場合もある。

　第1章で触れたとおり、シャインは組織におけるキャリア発達を9つの段階からなるモデルであらわした。そこには、加齢によって期待される役割の分担が変化していくものであることが示されていたが、さらに円錐形のモデル図によって、一般的な組織内キャリア発達の流れが説明されている（Schein, 1971,

6章 個と組織とキャリア

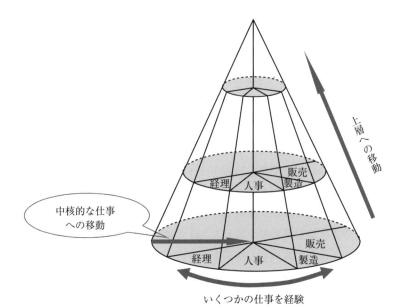

図6-1 組織内キャリアの3次元モデル
（Schein, 1971 より作成）

図6-1）。水平面が職能の変化で，水平に複数の職能を経験しながら，徐々に円の中心の方向，すなわち組織人として中核の仕事に移っていく。それらの経験を積み重ねて，円錐の垂直の方向，すなわち組織の意思決定を担う監督職・管理職を経験することになる。組織の成り立ちが複雑になってきている近年においても，一般的なモデルとして大筋では理解できよう。

2) キャリア・ラダーとキャリア・パス

このように職能や階層を経験しつつ，キャリアを蓄積して能力やスキルを高めていく経路や展開のことを「キャリア・パス」と呼ぶ。また階層を上に上がっていくキャリア・パスを，はしごに喩えて「キャリア・ラダー」と呼び，ラダーをのぼることをとくに「キャリア・アップ」と呼ぶこともある。

組織の政策により異なるが，キャリア・ラダーは一つではなく，複数設けられてバランスのよい処遇が図られることが多い。つまり，役職の階層として係長，課長，部長など，あるいはリーダー，マネジャー，エグゼクティブなど，

1節 組織におけるキャリア

責任範囲を示す肩書きが与えられるが，同時に，資格の階層である主事，参事，理事などとして保有能力によって格付けされる場合もある。このとき，役職と資格は必ずしも一対一の対応関係がなく，同じ参事でも役職は課長であったり部長であったりするなど，経験や能力に応じて処遇される。ちなみに，一般に役職の上昇は「昇進」，資格の上昇は「昇格」と区別して呼ばれる。

しかし，こうした階層は，近年，仕事が複雑で柔軟な運営が必要となり，階層やその呼称が複雑化してあいまいになったり，資格と役職の階層を一本化させる場合もある。

図6-2は，鉄鋼メーカーのキャリア・ラダーの時代変化を示すもので，従来は工員と職員の職群を明確にして秩序を保っていた。それに対して1958年に作業長制度が設けられたことによって，工員で優れた業績を上げた場合は職員に登用される道が開かれている。さらに1997年には階層が複線化され，呼称もカタカナであらわされるなど，柔軟な組織運営ができるよう工夫されてきている様子がうかがわれる。

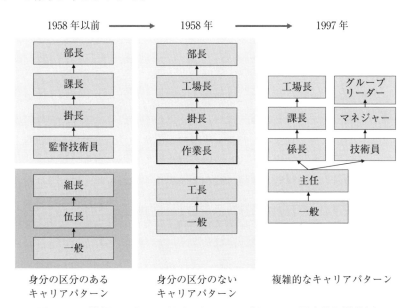

図6-2　鉄鋼メーカーにおけるキャリアパターンの歴史的な推移例
（神代和欣（2003）産業と労使：新日本製鉄　木原誠常務取締役インタビュー，放送大学より作成）

また，一般に環境変化のスピードが速くなっていることから，組織運営も俊敏な対応が求められ，必要に応じて組織を改廃することが多くなっている。そこでは定めた組織にこだわらず，適宜プロジェクトチームなどが編成されるなど，機動的に人の配置が変えられる。以上のように，一つの組織の中でも状況の変化や個人の経験や加齢にしたがって期待される役割が変わり，キャリアを展開していくことになる。

2節　組織人としてのキャリア

　つぎに，組織に新しく加わり，しだいに慣れていく過程について見てみよう。新しく組織の一員になる際には，緊張したり不安になったりすることが多い。しかし，時がたち経験を積むことによって，組織の一員になりきって職務をこなし，担当する職務や職場に愛着を覚えるようにもなる。こうした組織メンバーの一員になる過程では個と組織が双方に暗黙の期待や信頼関係が形成されている。

1）　組織社会化

　入社式は会社組織のメンバーになる際の儀式で，それを終えると正式に一員となる。しかし，確かに形式的には組織のメンバーになることができるが，それだけでは真にメンバーとは言えない。すぐに仕事をこなすスキルが身につくわけではないし，明文化されていない組織の規範を身につけることや組織が重視している価値基準・文化を吸収していなければならないからである。

　入社前に抱いていた期待と組織の現実とが大きく異なることに，驚きや抵抗感を感じる緊張は「リアリティショック」と言われる。そしてこのリアリティショックを克服して，さまざまな明文化されていない行動規範や文化を受け容れることによって，はじめて真の組織メンバーとして落ち着くのである。

　こうした真に組織メンバーになる過程は「組織社会化（organizational socialization）」という研究テーマとなっている（高橋, 1993）。平たく言えば，仕事のコツを覚える，職場の仲間とうまくやっていけるようになる，「うちの会社は…」という感覚が生じるまでの過程ということである。

　チャオらは，組織社会化をつぎの6つの次元に整理している（Chao, et al.

1994)。
　①仕事をする能力：仕事における課題や課題解決の仕方を学ぶこと
　②職場の人間関係：仕事を円滑に進めることができるように職場メンバーや上司と気心を通じ合わせること
　③職場の政治的な動きの理解：組織がものごとを決める場面での関係者間の力関係について理解しておくこと
　④職場特有の言語の理解：組織固有の略語，俗語，仲間内の言葉などを身につけること
　⑤組織目標と価値観の受容：組織の掲げる目標を理解し，その価値を共有すること
　⑥組織の歴史の理解：組織の伝統，習慣，儀礼，言い伝えられていることなど，組織メンバーが共有している歴史的なことがらを理解すること

　これらを見ると，人間関係に関する次元が多く，組織に参加するということは，おもに対人関係の中でさまざまに学習，理解し，うまく折り合いをつける過程であるということもできそうである。
　ちなみに，組織社会化は，学生が社会に出るなど，初めて組織に参加する際の課題であるばかりでなく，すでに組織人として働いている個人が転職や異動などによって，新たな組織に参入する場合一般にもあてはまる。

2）組織コミットメント

　組織で働いていると，徐々に組織が自分のふるさとのように感じたり，組織を代表しているように振る舞ったりするものである。学生でも入学して学生生活を重ねると，しだいになじんで卒業するときは，キャンパスを去りがたい気持ちになることと思う。こうした組織に対して気持ちを投入することを「組織コミットメント（organizational commitment）」と呼んでいる。組織コミットメントの概念は複雑であるので，その内容を分析的に捉えておく必要がある。多くの研究が報告されているが，ここでは代表的な2つのアプローチを見ておこう。

① 行動的アプローチと態度的アプローチ
　まず，行動的アプローチとされるもので，組織で活動していくことによって，その組織メンバーであり続けようと思うようになる，という捉え方である。仕

事への貢献から得られる付随的なメリットを感じて，組織に関与していくということである。組織で働いていると，職場の同僚や上司と良い人間関係ができあがる，また仕事を通じてスキルが身についてくる，さらに昇進が約束されるなど，組織に留まるメリットが徐々に加わっていくことになる。このように組織での活動から付随的に得られるメリットが背景にあるという視点で，「功利的コミットメント」と呼ばれる。また，ベッカーは，付随的に得られるメリットに支えられるという意味から，「サイド・ベット理論（side-bet）」と名づけている（Becker, 1960）。

つぎに，これに対比されるのが態度的アプローチとされるものである。組織の目標や価値を信頼し受け容れていく気持ちや，組織の一員であり続けたいという願望が強調されるもので，「情緒的コミットメント」と呼ばれる。代表的な研究は，ポーターらやマウディらの研究で，自分の組織に対する愛着や組織が自分のことのように感じられる同一性の感覚をコミットメントの中心的な要素としている（Porter et al., 1974；Mowday et al., 1979）。

もう少し掘り下げてみると，①組織の目標や大切にしていることがらを理解し，信頼感を持って受け容れる，②組織の一員として進んで意欲的に行動していく，③組織の一員として留まりたいと強く願望している，などの特徴が含まれている。つまり，組織を自分のことのように感じる（同一視），および組織活動に積極的にかかわっていこうとする（組織への関与）の相対的強さということになる。

以上のように組織コミットメントは，「行動的アプローチ」─「態度的アプローチ」，あるいは「功利的コミットメント」─「情緒的コミットメント」の対比で説明される。両者の関係は，行動によって得るものを得てメンバーであり続け，そのために情緒的なコミットメントを高めていくという展開を想定することができる。つまり，前者はコミットメントの形成過程を説明しやすく，後者は結果として得られる態度を説明しやすいという見方である。

② 3因子による説明

さらに，これらを拡充した理論がアレンとメイヤーによって提唱され，広く受け入れられている（Allen & Meyer, 1990）。組織コミットメントを感情的，存続的，規範的の3つの因子で説明する考え方である。感情的コミットメントは，いわゆる情緒的コミットメントと同様で愛着を意味する側面である。存続

表6-1 日本における組織コミットメントの因子構造研究

	I	II	III	IV
愛着要素				
他の会社ではなく，この会社を選んで本当によかったと思う	.83649			
もう一度就職するとすれば，同じ会社に入る	.64005			
この会社で働くことを決めたのは，明らかに失敗であった	-.71814			
この会社にいることが楽しい	.65216			
友人に，この会社がすばらしい働き場所であると言える	.78436			
この会社が気に入っている	.76579			
内在化要素				
この会社に自分を捧げている		.67995		
この会社の発展のためなら，人並み以上の努力を喜んで払うつもりだ		.63731		
この会社にとって重要なことは，私にとっても重要である		.62246		
会社のために力を尽くしていると実感したい		.60944		
いつもこの会社の人間であることを意識している		.60123		
この会社の問題があたかも自分自身の問題であるかのように感じる		.60176		
私は自分自身をこの会社の一部であると感じる		.60410		
この会社のためだけに苦労したくない		-.51150		
この会社の悪口を聞くと，心中穏やかではいられない		.55552		
規範的（日本的）要素				
この会社を辞めると，人に何と言われるかわからない			.73876	
会社を辞めることは，世間体が悪いと思う			.64267	
今この会社を去ったら，私は罪悪感を感じるだろう			.58120	
この会社を辞めたら，家族や親戚に会わせる顔がない			.58324	
この会社の人々に恩義を感じているので，今すぐにこの会社を辞めることはない			.47215	
存続的要素				
この会社で働き続ける理由の一つは，ここを辞めることがかなりの損失を伴うからである				.72027
この会社にいるのは，他によい働き場所がないからだ				.58373
この会社を辞めたいと思っても，今すぐにはできない				.54786
この会社を離れたら，どうなるか不安である				.55176
eigenvalue	9.76	2.88	1.59	1.38
説明率（％）	29.6	8.7	4.8	4.2
信頼性係数（α）	0.76	0.66	0.77	0.70

（田尾，1997，p. 275 より作成）

的コミットメントは組織を離れることによって失うものが多いように感じられるがために離れられないという打算的な側面で，前述のサイド・ベット理論の内容に相当する。規範的コミットメントはアレンとメイヤーの固有の側面で，この要素を抽出した意義が評価されている。規範的コミットメントは，組織に対する忠誠心を意味するもので，義務感や規範遵守の意識から組織の一員であり続けるべきと感じる側面が指摘されたものである。

ちなみに，日本で因子構造が分析された研究では，愛着要素，内在化要素，規範的要素，存続的要素の4因子が抽出されている（田尾，1997，表6-1）。情緒的コミットメントが2因子に分離されたことと，アレンとメイヤーの研究で見られた規範的因子が抽出されている点が興味深い。

3) 職務満足

職務満足は，キャリア発達を考える上で前項の組織コミットメントと同様に重要なテーマである。職務満足は組織コミットメントと関連が深いように感じられるが，その関係は微妙でありかつ複雑である。組織コミットメントが高ければ満足も高くなるように思われるが，組織コミットメントが高いがゆえに会社に対して不満が生じることも，十分に想像できる事態であろう。概念的には，組織コミットメントが組織全般に対する感情であるのに対して，満足度は具体的な職務行動に対する感情である点で異なる。そして，組織コミットメントが比較的安定的であるのに対して，職務満足は個々のマネジメント施策に対する感情で変動しやすい性質があるとされる（Mowday, et al., 1979）。

では，職務満足はどのように定義できるのであろうか。満足という用語が日常的にも使われることからも分かるように，幅広い概念であり，研究の文脈によって多様に定義されている。最も包括的な定義は，「仕事や仕事における経験についての評価から生じてくる喜ばしい感情もしくは肯定的な感情」というものであろう（Locke, 1976/井出訳, 2001）。そして，職務満足の内容は，職業生活全体に対する満足（global satisfaction）と側面別に満足を問う側面別満足（facet job satisfaction）の二つの捉え方がある。全体的な満足度は，仕事生活全体としてどのような気持ちであるかを包括的に問うもので，これに対して側面別の満足度は，関連する職務内容，給与，昇進の機会，マネジメント，職場の人間関係などの側面ごとに満足の程度を問うものである。

では，職務満足度はどのように形成され，どのようなことがらに影響を与えているのであろうか。職務満足は，1920年代ころより研究され始めた古いテーマであるが，その後も多様な研究が行われ続けており，膨大な研究報告が蓄積されている（高橋，2002）。

職務満足は，もともと保持しているパーソナリティ特性の影響が大きいとする考え方と状況によって影響を受けるものとする考え方がある。前者は「傾性的アプローチ（dispositional approach）」，後者は「状況的アプローチ（situational approach）」と呼ばれる。傾性的アプローチのパーソナリティ特性として自我の中核的な特性である自信の強さ（self-confidence），自己評価の高さ（self-esteem），情緒の安定性（emotional stability），自己有能感の範囲（locus of control）があげられている（Judge et al., 1997）。また，国内外の研究報告を整理して，一般的なパーソナリティ特性として誠実性，情緒安定性，外向性に関連が見られるとする報告もある（二村，2005）。

表6-2 職務満足の原因と結果
（Spector, 1997）

原因
● 職務満足に影響を与える要因
　　　－　職務特性
　　　－　職務を阻害する要因
　　　－　役割のあいまい性・葛藤
　　　－　仕事と個人生活の葛藤
　　　－　給与水準
　　　－　職務上のストレス
　　　　　　仕事の負荷の大きさ
　　　　　　自由裁量の少なさ
　　　　　　勤務時間
結果
● ポジティブな結果を促す効果
　　　－　仕事の成果
　　　－　良心的なメンバーシップ行動
　　　－　身体的健康・精神的安寧
　　　－　生活満足
● ネガティブな影響を抑制する効果
　　　－　欠勤
　　　－　転職（turnover）
　　　－　燃え尽き症候群の兆候
　　　－　組織に背を向けた行動

一方の状況的アプローチでは、職務満足の原因や結果にかかわるマネジメント上の要素があげられる（Spector, 1997, 表6-2）。人材マネジメントや職務行動と幅広い関連性があることが分かる。また感情的な要素を含んでいるため複雑な様相を示すが、それだけで個と組織の関係のテーマが奥深く興味深いことを示すものでもある。

4) 会社人間と自律的組織人

　組織コミットメントや職務満足度は、個人のキャリア発達にとって重要な意味があるが、人材マネジメントにとっても目の離せないテーマとなっている。なぜなら、それらは従業員の充実感、組織貢献に対する意欲を方向づける要因であるし、それらが組織の文化風土を作り上げることになり、組織力を左右するからである。

　しかし、組織コミットメントや職務満足度が高ければ、高いほど良いかどうかは疑わしく、それほど単純ではない。コミットメントが高く満足度も高い場合、問題意識が低く経営に対して建設的な提案のできない無批判な姿勢の結果ということもある。つまり組織に埋没するいわゆる会社人間ということである。また、高い職務満足を示す場合も、期待水準が低いことによる現状満足や安住であることもある。

　本来は、仕事の目標に対して自律的な意思をもって臨み、持てる力を最大限に発揮する個人と、個人間の建設的な相互の影響過程が期待されるはずである。そこに強く健康な個人のキャリア発達と健全な組織があるはずである。つまり、バランスの取れた組織コミットメントと職務満足がなければならないということである。また、自律が期待されるからといって、個人が組織や経営に無関心であることが奨励されるわけではない。

　個人が組織への愛着に埋没した会社人間の状態では、創造的な発想はもとより、社会的な不正に対して組織を守るためという不健全な論理に対峙するパワーは生まれない。いわゆる企業の社会的責任はまっとうしようがなく、黙従を奨励する組織は脆弱な体質となり、瓦解に至ることは多くの不祥事が教えている。

　企業の社会的責任は、「CSR：Corporate Social Responsibility」と呼ばれ、その根源的な問題は、こうした個人と組織の健全な関係作りにあるとされる

(日経CSRプロジェクト，2007)。そこには個人と組織の間に「心理的契約」なるものが存在する。契約と言っても契約書があるわけではなく，暗黙のうちに相互の期待と信頼を交換していると考えられるもので，それを基準としてコミットメントや満足が方向づけられていると考えることができよう。高い組織コミットメントや職務満足度を示すと同時に，会社人としての服従の前に社会人としての自律的な意思と価値意識を保持していることが求められる。

ちなみにこの心理的契約の概念は，シャインが個人と組織の相互受容のプロセスとして詳説しているが，ルソーらが提唱し広く知られるところとなったものである (Schein, 1978; Rousseau & Wade-Benzoni, 1995)。短期的な課題処理の職務上の請負や組織メンバーとしての情動的な長期的な仲間関係の維持などは心理的契約である。さらに，組織の価値を受け容れ，組織メンバーとして行動する忠誠心は組織が個人に期待することで，個人はそれに応えるコミットメントと協働を提供するという関係である。

3節　ワークライフ・バランス

豊かな職業生活のためには，個人生活のあり方も視野に入れておかなければならない。職業生活と個人生活は境界がもともとはっきりしないし，両者のバランスが，個人にとって大きな意味があるだけでなく，組織の生産性を方向づけたり，社会全体の発展とも関連があるからである。

本節では，こうした仕事と個人生活の調和，すなわちワークライフ・バランスの問題について，個人におけるキャリアデザインやメンタルヘルス，組織における人材マネジメント，社会における政策の4つの視点からとりあげる。

1) キャリアデザインとしてのワークライフ・バランス

仕事は趣味のようなもので寝る時間も惜しい，などと仕事に情熱が傾けられるケースがある。また，組織の期待に応えようとするあまり，無意識のうちに働き過ぎてしまうケースもある。逆に，家庭の諸事情から仕事にあまり時間を割けない事態におかれるケースもある。さらに，仕事に気乗りがせず，必要最低限のことしか取り組もうとしないケースもある。キャリアにはこのように，時間やエネルギーの使い方において，さまざまな仕事と個人生活のバランスの

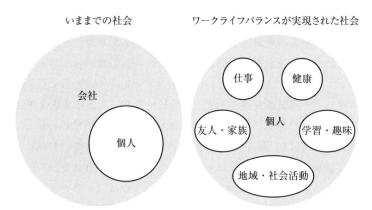

図6-3 個人生活と仕事との関係（大沢，2008，p. 153）

とり方が問題となる。

　取り巻く環境や加齢に伴い目指す方向は個人によって異なり，この問いに対する正解などあろうはずもなく，個人的な生活観に過ぎないようにも思える。しかしながら，この働き方の日常的なテーマでありながら，何のために働くのかという根源的な問いに通じるものでもある。大げさに言えば，豊かに生きるために仕事のあり方を考える問題である。物質的に豊かな文明社会において価値が多元化していると言われるが，社会とのかかわり方としての労働の意味が問われているとも言えよう。

　また，「バランス」という言葉が用いられるが，日常の時間の使い方や負荷を仕事：個人生活＝5：5に調整するとか，どちらかを少しずつ削って我慢するというようなものではなく，職業生活と個人生活とが相互に満足を高める相乗効果が目指されるべきものであろう（大沢，2007；同，2008）。つまり，仕事も個人生活もともに充実させることを目標にするということである。個人の生活全体としてそのあり方を統合的に追求するべき課題と言える。

　図6-3の左図は，会社の仕事が中心で，他が視野に入らなくなっている状態である。それに対して右図個人の生活の一部に仕事が位置づけられ，多様な活動全体が統合されている。もちろん，後者のほうが健全であるし，心が豊かになり仕事でも創造的成果を期待できるものであろう。

2) メンタルヘルスとしてのワークライフ・バランス

メンタルヘルスの観点からもワークライフ・バランスを考えておく必要がある。経営環境が厳しくなるにつれて，労働の質，量ともに負荷が大きくなっているし，仕事のために個人生活を犠牲にせざるをえない事態が目立ってもいる。また，仕事は組織や社会のために貢献することで重く苦しいものであり，自らを犠牲にするのはやむを得ないことである，そうしなければ社会的な評価が下がるのは甘受すべきだ，とした明示的・暗示的な圧力がかかることもある。

一方，個人生活においては，家族の形態が変わり，核家族化，少子化が進み，育児や介護の負荷が大きくなっており，仕事とのバランスが維持しにくくなっている一面もある。仕事か家事かの選択が求められて葛藤が深まることも少なくない。こうした葛藤や緊張が過度になると，精神的・身体的な障害に陥ることがある。特段の意識のないままにそのような事態に陥っている場合もある。

これを支えるものが，働き方の見直し，労働時間の抑制などのワークライフ・バランス施策であり，また，前節で述べたとおり職場の上司，同僚などのソーシャルサポート促進のメンタルヘルス諸施策である。

3) 人材マネジメントとしてのワークライフ・バランス

人材マネジメントにおけるワークライフ・バランスは，個人的な事情，とりわけ育児，介護など家庭の事情への配慮などで，福利厚生施策と位置づけられる場合が多い。または，育児支援の施策を次世代育成という社会的な貢献や義務でCSR（Corporate Social Responsibility；企業の社会的責任）の一環と位置づけられやすい。

しかし，福利厚生のコストとしてではなく，人材への投資の一環と位置づけられる動きも見られる。すなわち，ワークライフ・バランスの施策を進めることによって，働きやすい職場を作り，従業員の職務満足や仕事への意欲を高めたりするための人材マネジメント戦略という位置づけである。こうした人材マネジメントとしての取り組みは，短期的にはコスト増となってマイナスの影響をもたらすおそれがあるが，長期的には企業イメージの向上につながり，採用活動に有利となるし，優れた人材の離職を抑えるなどの効果が期待できる。とりわけ女性の能力の活用には効果的である。さらに従業員同士で助け合う一体感のある職場風土が醸成され，業績の向上につながると考えられる。ワークラ

イフ・バランスへの積極的な取り組みが長期的な企業業績に好結果をもたらすことは実証的な研究によっても明らかにされている（武石，2006）。ちなみに，米国では人材マネジメントにおける施策の推進が，ワークライフ・バランスの第一義と位置づけられて展開されている。

　ワークライフ・バランスの施策が，それらが職場で現実に効果をもたらすためには，経営管理者の日常マネジメントの中でメンバーとの関係をどのように作り上げるかが課題となる。すなわち，諸施策の有効性が従業員に評価されるかどうかが重要である。関連する方策は多岐にわたるが，従業員に知られているかどうかを意識調査から評価すると，「リフレッシュ休暇」，「育児休業制度」，「メンタルヘルスなどの相談窓口の設置」，「男性社員が取得できる配偶者出産休暇」，「小学校就学前の子を持つ社員が勤務時間を短縮できる制度」，「介護休暇制度」などが従業員に知られていると報告されている（ワーク・ライフ・バランス塾・学習院大学経済経営研究所，2007）。これらが現実的なワークライフ・バランス施策の核ということになる。

4）　社会政策としてのワークライフ・バランス

　欧州におけるワークライフ・バランスは，社会政策に主導されて展開されてきているが，日本でもおもに少子化・人口減の流れを抑えることを目指したさまざまな取り組みが見られる。厚生労働省に仕事と生活の調和に関する検討部会が設けられ，働き方の見直しやワークライフ・バランスに言及した報告書が2004年に出された。これが契機になり，多様な活動が政策として打ち出され，2007年には政府，経済界，労働界が集まってワークライフ・バランス憲章および行動指針が制定されるに至っている。

　女性の労働力を生かす立場から育児や介護を支援する施策が奨励されるなど法制面からのアプローチとあいまって，少子化を抑える社会運動の様相を示している。2004年に10年間の時限立法ながら「次世代育成支援対策推進法」（通称，次世代法）が施行され，企業に子育て支援施策の展開する計画書の提出を求めたり，趣旨に沿って積極的な活動を展開する企業を「ファミリーフレンドリー企業」「均等・両立推進企業」として表彰するなどの施策が展開されている。ちなみに，法的な水準を越えて男女の処遇の違いを是正するために自主的な積極策をとることは「ポジティブ・アクション」と呼ばれている。第2章で

見たような女性の権利保護とあわせて，社会政策の文脈からも企業の努力が促されている。

> **コラム**
>
> エンプロイアビリティと
> エンプロイメンタビリティ

「エンプロイアビリティ（employability）」という用語が，使われることがある。「雇用され得る能力」の意味で，日本経済が破綻に直面し，従来の終身的な雇用を保障できなくなった事情を背景にしたマネジメントの姿勢が示されたものである。自社では雇用を保障できないから，いずれかで雇用したいと言ってもらえるように自らの能力を磨け，とし，そのための自己啓発ならできるだけ支援はするよ，というわけである。人を育てる余裕を失い，完成された人材のみに期待する姿勢である。

これに対して，よく似ているが「エンプロイメンタビリティ（employmentability）」という用語がある。能力開発は個人の責任として突き放すのではなく，経営が能力開発の環境を整備し支援をするべきという考えである。雇用され得る能力を身につけるのは，個人の問題としても，それを実現させるのは組織であり仕事を通じてであるはずとして，自己実現感，成長感，さらには満足感を引き出すためのマネジメントが展開される。すぐれた個人に見捨てられることのない組織のマネジメントということもできる。組織メンバーにとって，適度に困難な仕事に挑戦する機会を提供する，ストレスや困難に対峙するのを支えるキャリア・カウンセリング，自己の現状について認識を得させるキャリア・アセスメント，などで，中心のコンセプトは「キャリア自律支援」である。自律を一方的に求めるエンプロイアビリティとは，似て非なるアプローチである。

個人を組織の中に囲い込む集団主義から，経済の破綻を背景にしたエンプロイアビリティを求める突き放し的な緊急避難施策，そして長期的人材育成の視点にもとづくエンプロイメンタビリティへの発展という個と組織の関係の流れがうかがえる。

ワーク・モチベーション

　なぜ人は意欲を燃やして働くのかの問いに対する解は簡単ではないが多くの研究がこれまでに蓄積されている。このテーマは，ワーク・モチベーションと言われ，働く個人と組織の経営管理者の両者にとって大切な視点で，キャリア発達を考える上でも人材マネジメントの実践においても基本的な枠組みの一つになっている。本章では，このなぜ働くかの問いにどのように答えるかを考えるためにさまざまな理論を概観しておきたい。

1節　経営における人間観

　まず，研究者や経営管理者がどのように「人」の存在を捉えてきたかを整理しておこう。経営管理者が，そこで働くメンバーの存在をどのように捉えるかによって仕事の設計や処遇の仕方が変わり，働く環境も大きく異なってくる。

1）　経済人的人間観：テイラー

　20世紀初頭の急激な工業化を背景にしたテイラーの「科学的管理法」の考え方がある。T型フォードなど，新たな工業製品が世に出され，多くの労働者が地方から工業地帯に流入した時代である。怠業が横行する一方，経営管理者も処遇が恣意的になったりして，労働市場の秩序が乱れていた。

　テイラーは，上流の家庭に生まれながら，ハーバード大学を中退，小さなポンプ工場の工員，そして鉄工所の見習い工を経て工員になり，34歳でコンサルタントになった。当時の職場の秩序の乱れを目の当たりにして，独自のマネジメント手法を創案し，労働者，経営者のいずれからも多くの反対を受けたが，それを乗り越えて州政府に認めさせたものであった。これが，後世に多大な影響をもたらす「科学的管理法」で，彼の名前をとって「テイラーイズム」とも

呼ばれている。その成果は51歳になって『科学的管理法の諸原理』として出版されるところとなっている（Taylor, 1911）。

　一定の時間内に作業可能な生産量を科学的に分析して標準を定め，作業量によって給与を確実に支払うことを提唱したのである。がんばって標準より多くの仕事をすれば応分の給与が得られる仕組みである。労働作業の標準化をしてそれを経済的な価値で評価する考えで，経済的な人間観にもとづくアプローチとされる。

　人はお金だけで動くものではないとは言え，収入を得るのは働く目的の一つにあげられることが多いし，経営管理者が標準的な作業法を定めておくのも工場マネジメントでは基本的なことであろう。つまり現代にも通じるマネジメントの基本原則と言っても過言ではなかろう。

2） 社会人的人間観：メーヨー，レスリスバーガー

　つぎにメーヨー，レスリスバーガーによって行われた大規模な「ホーソン実験」と言われる研究があげられる。米国シカゴ近郊のホーソンにあるウェスターン・エレクトリック社の電話交換機の部品組立工場において1924～1932年の長きにわたって多様な実験が行われ，組織における人間的な側面の重要さが指摘された。ハーバード大学との産学協同研究で，科学的管理法によって改善された生産性をさらに高める方策を探るために行われた。

　労働条件を多様に変化させて生産性がどのように変化するかを調べあげた研究である。実験条件は，たとえば照明，休憩・軽食の取り方の条件などで，さまざまに変えて生産性が綿密に調べられた。結果はそれらの条件の違いよりも，チームを組んだ際のインフォーマルな人間関係の影響のほうが大きいことが分かったのである。つまり，人は意図した実験条件の筋書きに沿って機械的な動きをするわけではなく，その場の状況で感情や仲間との気持ちを通じ合わせることによって働いていることが明らかにされたのである。

　ここから導かれたのは，人が感情や人間関係によって働く社会的な存在であるという社会的人間観であり，「人間関係論」を重視したマネジメントが志向された。さらにこれが契機となり，次節のモチベーションの研究に道筋がつけられるなど，後に大きな影響を残したのである。

　ちなみに研究の過程で行われた約21,000人に対する大規模な面接は，面接

内容もさることながら，面接され，話を聞いてもらうことによって不満が吸収される効果が見出され，後の人事相談制度，さらにキャリア・カウンセリングへと発展することとなった。

3) 自己実現人的人間観：マクレガー，アージリス

マクレガーは何人もの管理者にインタビューして，管理者が部下を見る目に2つのタイプがあることに気づいたとして，人間性を重視した人間観を提唱している（McGregor, 1960）。一つのタイプは，人はもともと働くのが嫌いでイヤイヤ仕事をしているもの，人は強制されたり脅かされたりしなければ働かないもの，人はあまり野心を持たず安全を望んでいるもの，などとする見方である。こうした部下を否定的に捉える見方を「X理論」と名づけた。

他の一つのタイプは，仕事は遊びや趣味と同じようなもので人は自ら進んで働くもの，人は自分が進んで立てた目標に自らがんばって働くもの，目標達成への行動は自我の欲求や自己実現の欲求が重要，人は条件さえ整えれば自ら責任を取ろうとするもの，たいていの人には創意工夫をする能力が備わっているもの，などとする見方である。この部下を肯定的に捉える見方はX理論に対して，「Y理論」と名づけられている。

マクレガーは，業績との関連性などから検証されたわけではないが，Y理論のほうが適切としている。一般的にもY理論のほうに分がありそうであるが，ここで重要な点は，実際の管理者に2つの見方があり，それぞれ実践的な有効性が存在しているということである。つまりX理論のアプローチでも，それなりの上司－部下関係ができあがるということである。したがって管理者は部下をどのように捉えてマネジメントをしているかについて，まずは自らの姿勢を認識していることが大切なのである（金井，1999）。

また，アージリスも人の人間的側面に焦点を当てた理論を展開している（Argyris, 1957）。分業，作業標準，管理の原則などの合理的ではあるが，強制を基本とするマネジメントは，成熟した大人にはそぐわないとした。そして，人は自己実現を目指しているものであるとの独自の人間観をつぎの7つの特徴によってあらわした。①自らの意思で行動していこうとする，②自律的であるとともに他者と健全な相互依存関係を築こうとする，③課題に対して多様な行動様式で臨もうとする，④課題に対して腰をすえて，網羅的に，複雑なやりか

たで，かつ徹底してチャレンジし続けようとする，⑤過去から現在，将来にわたる長期的な視野を持って取り組もうとする，⑥他のメンバーと同等か優越的な関係をつくろうとする，⑦自分の価値意識を大切にし，適切に自己コントロールしていこうとする。

　こうした肯定的な人間観を前提にした職務開発，組織開発の手法を提案し，広く受け入れられている。

4）複雑人という人間観：シャイン

　本書でたびたび登場しているシャインの人間観にも触れておこう。人は多様で，それぞれの価値意識と動機で働くもので，その個別性に注目すべきとしている（Schein, 1965）。お金のためにこそ働く経済人，周囲との人間関係や集団に所属することに価値を置く社会人，自分の能力を発揮し認められることを目標とする自己実現人，このように，人の働く動機は多様であるとした。そして人材マネジメントはそれらすべてを認めるところからスタートするべきと考えたのである。

　一般に，歴史的には「経済人」→「社会人」→「自己実現人」という展開の流れが認められているが，万人がこの流れに乗っているわけではなく，現代においても報酬に価値を置く人も，集団で働くことに楽しさを感じる人も否定されるものではない。もちろん仕事を通じた自己実現を目指す人も受容されるはずである。一人ひとりがどのような価値意識や意思をもって働こうしているかをしっかりと理解してマネジメントに臨むべきと考えたわけである。また，そうした価値意識は，状況により心変わりをするものでもある。上司の一言や仕事の進捗によって揺れ動くものでもある。そうした気まぐれや状況との関連における動機の様相を許容し，それをしっかりと受け止めていくべきとしたのである。

　したがって，複雑人の考え方は人間観を提示することを放棄したわけではなく，人間観の多様性や変わりやすさ，さらに置かれた状況との影響過程を受容しようとの主張である。一つの人間観を短絡的に適用せずに，個別性をもとにした対応を目指すものなのである。

2節　ワーク・モチベーションの理論

　経営における人間観の視点を分析的に掘り下げて，人はなぜ働く意欲を発揮するのかを説明する研究が重ねられている。これがワーク・モチベーションの理論で，この働く意欲のメカニズムを理解しておくことがキャリア発達や人材マネジメントを考える有効な知見となる。

1）ワーク・モチベーションとは

　モチベーションは，「何か目標があって，それに向けて，行動を立ち上げ，方向づけ，支える力である」と説明される（田尾，1998）。仕事場面に絞って，ワーク・モチベーションをもう少し詳しく言えば，「従業員の仕事への意欲はどのようにして生まれるのか，どのように方向づけられるのか，なぜ，あるいはどうすれば熱心に働くのか，そしてその職務行動はいつ停止するのかにかかわるもの」ということになる（Pinder, 1998/角山訳, 2007, p. 34）。

　この問いに対する解は，すでに前節でおぼろげながらヒントが見え隠れしていたが，さらに詳細に多くの研究をレビューしておくべきであろう。そのアプローチの視点から大きくつぎの2つに分類される。何が働く意欲の素になるのか（what）の視点は「内容的アプローチ」，なぜ働くか，なぜ働き続けるか（why）の視点は「過程的アプローチ」の研究とされる。歴史的には内容的アプローチから過程的アプローチへと展開されているが，どちらが正しいということではなく，視点の違いに過ぎない。内容的アプローチはおもに欲求や動機によって説明される欲求理論，過程的アプローチは公平理論，期待理論，目標設定理論などが知られている。

2）欲求理論

　人には欲求があり，欲求を満たすために行動を起こすと考えるのが欲求理論と呼ばれるものである。なぜ行動を起こすかは，何か満たされない欠乏を感じてそれを解消すべく行動が起こされ，そして欠乏が満たされることによって行動が終結するものと説明される（Robins, 1997, 図7-1）。

　これが基本的なモデルであるが，さらにさまざまな説明がなされているので

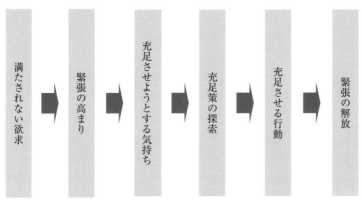

図7-1 モチベーションの基本的なモデル
(Robins, 1997/高木監訳, 1997, p.73 より作成)

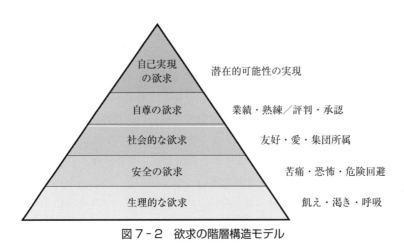

図7-2 欲求の階層構造モデル

整理しておこう。

① 欲求段階説：マズロー

よく知られているのは，「欲求段階説」と呼ばれるマズローの理論である(Maslow, 1954)。人の欲求にはさまざまなものがあるが，その欲求は図7-2のように階層をなしており，それを下から順に満たすように行動を起こすとされている。下位から順に，食欲などの生理的な欲求，肉体的，精神的な障害や危険を避けたいという安全の欲求，友人のグループや職場集団に所属していた

いという社会的な欲求，自らの尊厳を維持したいという自尊の欲求，さらに最も高次の欲求として，自己の理想を追求する自己実現の欲求の5段階である。

下位の欲求が充足されるとつぎの欲求を満たすべく行動を起こし，それが充足されれば，より高次の欲求のための行動に移る。そしていったん高次の欲求が満たされれば，下位に戻ることはないとされる。

生理的な欲求から自尊の欲求の4段階は，欠乏を満たして満足を得る性質であるが，最も高次の自己実現の欲求は，欠乏とは無関係で，行動そのものによって自己を高めようとするものである。存在そのものをより強いものにしたいという欲求で，前者が「欠乏欲求」と呼ばれるのに対して「存在欲求」と対比される。図7-2では自己実現の欲求も他の欲求と連続的にあらわされているが，他と明確に線引きをすべきところであろう。

② ERG理論：アルダファ

アルダファも欲求階層のモチベーション理論を実証的な研究にもとづいて提唱している（Alderfa, 1972）。マズローの欲求段階説と類似した階層が提示されている。マズローの生理的欲求や安全の欲求に相当する「生存欲求（Existence）」，所属の欲求や自尊の欲求に相当する「関係欲求（Relatedness）」，自己実現欲求に相当する「成長欲求（Growth）」の3階層で，3つの欲求の頭文字を用いて「ERG理論」と呼ばれている。生存欲求（E）は，生理的・物理的な欲求で，給与や安全な労働環境などに対する欲求である。関係欲求（R）は，集団の一員として人間関係を作り，仲間としてつきあい，尊敬されたいという願望である。成長欲求（G）は，現状に満足することなく，理想や目標に対して積極的・創造的に行動していきたいという欲求である。

成長欲求（G）は，他の2つの欲求とは異なり，満たされてもその緊張は解消されずに維持されるとしている点はマズローの欲求段階説と同様であるが，各欲求が段階的にあらわれるとはせず，連続的，あるいは同時にあらわれるとしている点が異なる。つまり，E・R・Gの欲求は，同時に2つ以上の階層に留まったり相互に移行することもあるとしているのである。また，シンプルで柔軟であることから多くの実証的な研究が展開されているのも特徴となっている。

③ 2要因理論：ハーツバーグ

インタビューによってモチベーションを惹き起こす要因を分析し，2つの要

7章 ワーク・モチベーション

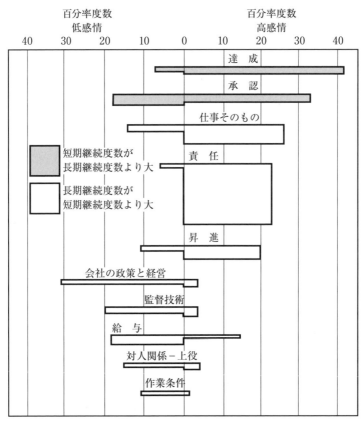

図7-3　動機づけ—衛生要因理論
(Herzberg, 1959/北野訳, 1968, p. 86)

因を見出した研究がある (Herzberg, 1959)。こんなすばらしいことはないと感じた経験, これ以上いやなことはないという経験について尋ねて, それぞれのトピックを調べて, 大きく2つの種類の要因があることを見出したものである。2つの要因とは,「動機づけ要因」と「衛生要因」で, ハーツバーグの「2要因理論」と呼ばれる (図7-3)。

　動機づけ要因は, 働くことによって満たされる欲求で, 達成, 承認, 仕事そのもの, 責任, 昇進, 自己成長などと関連づけて説明される。これらの欲求が満たされると満足が得られ, 満たされなくとも大きな不満にはならないとされたのである。これに対して衛生要因は, 働くこと以外の環境条件のようなもの

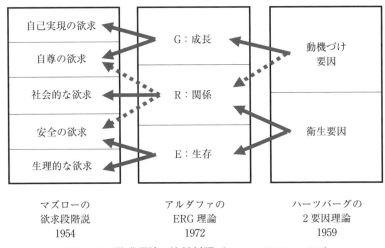

図7-4 欲求理論の比較対照 (Ronen, 1994, p. 245)

で，経営方針，管理，管理者との関係，作業条件，給与，同僚との関係，個人生活，部下との関係，職位，安全などと関連づけられる。これらは，満たされた場合も積極的に満足が得られるわけではなく，満たされない場合の不満足が解消されるにとどまるとされた。

このように，積極的な満足を引き出すことができて，満たされなくとも不満にはなりにくい動機づけ要因と，満足を引き出すことはできないが，満たされないと不満が生じてしまう衛生要因を対比させて説明された。これは満足と不満足は一つの次元で説明することはできないことを意味している。つまり，満足要因と不満足要因は対極にあるのではなく，異なった2つの次元という説明である。精神的な成長は，積極的な満足を引き出すことができる動機づけ要因に注目することによってこそ得られるとしている。

ちなみに，動機づけ要因は，マズローの自己実現の欲求，自尊の欲求，などの高次の欲求，衛生要因は，生理的欲求，安全の欲求などの低次の欲求に相当し，社会的欲求は双方に関連する。アルダファのERG理論とは，前者が成長（G），後者が生存（E）に相当し，関係（R）は双方と関連する（図7-4）。

3) **公平理論**

人は自分のあり方について，自分のことのみ考えていても解は得られず，他

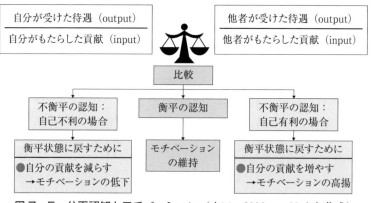

図7-5 公平認知とモチベーション（山口, 2006, p.32 より作成）

人と比較したり集団に位置づけてみたりして確かめなければならないものである。モチベーションも他人や集団と比較することによって高まったり低まったりするという見方が「公平理論（equity theory）」である。とくに報酬が他人と比べて不公平に感じればやる気を失うし、自分の貢献度が他人より高く評価されればつぎの努力につながりやすい。また、特定の人のみが甘い評価で優遇されれば、当人は張り切るが、他の大勢はしらけてしまうことになろう。

アダムスは、公平の概念を整理してモチベーションをつぎの3つの視点から説明している（Adams, 1965）。
① 自分のかけた労力が貢献度の評価・報酬と見合っているかどうか
② 比較対照となる人のかけた労力と貢献での評価・報酬が見合っているかどうか
③ ①と②を比べて見合っているかどうか

これら3つの視点から公平性が問題になるとした。そしてモチベーションは、①が②よりも有利な状況と判断できるようなら上がり、逆であれば下がるという見方である（図7-5）。

筋の通った論理であるし、確かにかけた労力に応分の報酬が得られるか、比較する他人の労力や報酬の水準との見合いで納得したりつぎへの期待につなげたりするように感じられる。しかしながら、事は単純ではなく、報酬は金銭だけでもないことや、比較対照者やその労力や報酬の内容の理解は主観的なものであることなど、現実にはさらに複雑で計算どおりには説明できない場合が多

い。

4) 期待理論

欲求理論に続いて研究され，支持を広げているのが「期待理論（expectancy theory）」である。基本となっているのがヴルームの研究である（Vroom, 1964）。そこではつぎの3つの変数でモチベーションが成り立っていると説明される（図7-6）。

①期待（expectancy）：自分の行動や努力によって成果が得られそうな程度
②誘意性（valence）：得られる成果が価値のあるもののように思える魅力の程度，あるいは逆に，価値のないもののように思える魅力のなさの程度
③道具性（instrumentality）：行動や努力の結果が②誘意性をもたらす程度

営業職の例をあげると，①努力すれば高い給与が得られそうである（期待）。②高い給与を得ることは魅力的である（誘意）。③営業成績を上げることによって高い給与が得られるはずである（道具）に分解できる。そして①と②③を掛け合わせたものがモチベーションの程度と考えるわけである。両者の掛け算であるので，努力しても得られそうもない場合や，手に入ってもそれに価値が感じられないような場合は，いずれかが0となり，モチベーションも0という

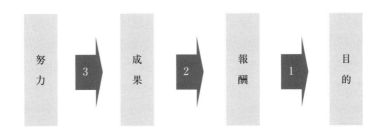

- 報酬と目的の関係
  - 報酬を得ることは目的に照らしてどの程度魅力的か。誘意性 …… 1
- 成果と報酬の関係
  - 成果を上げればどの程度の報酬が期待できるか。道具性 …… 2
- 努力と成果の関係
  - 努力した際に成果が得られるか。主観的成功確率 …… 3

図7-6　期待理論の概要

ことになる。

　ヴルームの理論はその後，さまざまな修正が加えられ洗練化が試みられている。その中ではポーターとローラーの研究が，よく知られている（Porter & Lawler, 1968）。いずれにしても，現実の場面において期待や魅力などを客観的な数値で割り出すことは容易でなく，モチベーションの水準を計算することは難しいが，期待感を高めるとモチベーションが上げられるということを示唆しており，実践的な意義が指摘されている。

5）目標設定理論

　目標を軸としてモチベーションを説明しようとする考えがロックとレイサムの「目標設定理論（goal-setting theory）」である（Locke, Cartledge, & Koeppel, 1968; Locke & Latham, 1984；同，1990）。行動には目標があり，目標があることによってそれを達成しようとする意欲や努力が生まれるとの考えである。つまりその目標のあり方がモチベーションを方向づけるとするわけである。

　目標設定理論では，つぎの3点があげられている。第1に，目標が具体的で明確なほうが動機づけられるとされる。大きな組織における上位の目標は抽象的になるが，下位の課や係などの職場における日常的な目標は具体的であることが大切であるし，上位目標と下位目標の整合性が取れていることも重要である。第2に目標が高ければ高いほど，動機づけられるとされる。もちろん，目標が目標として納得して受け入れられている必要があるが，受け入れられて達成への努力が続けられる間は，高いほうが動機づけられる。第3に，目標達成に向けて努力がなされている際に，その進捗状況がフィードバックされるほうが動機づけが高まるとされる。目標に向けての方略が適切であるかどうかの情報を提供したり，達成の見通しがわかるような進捗状況をグラフにまとめて示すなどである。

　目標設定理論は過程的アプローチに分類され，マズローの自己実現の欲求，アルダファの成長欲求，デシの内発的欲求などと同様に，高次の欲求に焦点が当てられたモチベーション理論の一つで，自己効力感をもとにしたキャリア発達論とも関連が深い。

6) 高次の欲求に注目した理論
① 達成動機理論：マクレランド

　マクレランドは，さまざまな欲求のうち，とくに積極的な行動と関連の深い達成欲求（need for achievement）に焦点を当てて実証的にその重要性を論じている（McClelland, 1961）。後に，権力欲求（need for power），親和欲求（need for affiliation），回避欲求（need for avoidance）を意味のある4つの欲求として抽出している（McClelland, 1987）。働く欲求としては，金銭的・労働条件的な欠乏欲求よりも自己実現・自己成長などの存在的な欲求が重視されるべきと考えたもので，○○欲求でなく，「達成動機」などと，「動機」の用語が当てられることが多い。これらが目標に向かう行動のエネルギー源になっているとの指摘のように思われる。

　とくに達成動機は，価値のある目標に対して自己の力を発揮して，困難を克服してその目標を達成したいという願望が強く，自らの責任をもって課題に挑戦していくなど積極性を示す傾向である。権力動機は，周囲を自分の思いどおりに動かしていきたいという願望が強く，責任や権限を拡大させながら積極的に周囲に働きかける傾向である。また親和動機は，周囲から好かれたり，受け入れられていたいという願望で，相互理解や協力関係を大切にする傾向である。回避動機は，不安の強さで失敗を恐れて行動を起こそうとしない傾向と説明されている。

　これらの傾向は，組織の中で成功するための要件のように思われるし，健全なキャリア発達と関連があるようで示唆的である。なかでも達成動機が重要であり，適度なリスクが伴う課題を好む，責任を積極的にとろうとする，自分の行動の評価についてフィードバックを求めようとする，などの特徴があるとしている。

　達成動機の理論は内容的アプローチに分類されるが，リスクへの挑戦などの行動過程への関心が高まり，過程的アプローチの研究につながっている。

② 内発的動機づけ理論：デシ

　モチベーションを「外発的動機づけ（extrinsic motivation）」と「内発的動機づけ（intrinsic motivation）」に分けて説明する捉え方がある（Deci, 1972）。外発的動機づけは給与や承認などの外的な報酬を得ることを目的とした行動であり，内発的動機づけは仕事などの活動・行動そのものが目的である場合であ

表7-1　内発的動機づけと外発的動機づけ

	内発的動機 intrinsic motivation	外発的動機 extrinsic motivation
基本的な 人間観	● 人は本来自らの能力を発揮しようとして創造的な活動を展開する	● 人は報酬・罰を与え続けなければ動かないものである
活動目的	● 自分の興味や価値を充足させるなど活動そのものが目的	● 報酬・不安や罰の回避の手段として活動する
マネジメント例	● 参画的なマネジメント	● 科学的管理法

る。

　内発的動機づけは，知りたい，やりたい，などの好奇心が活動の原動力になっており，自律的であくなき探究や熟達が志向される。したがって，課題の意義が明確になっていれば，解決に向けてがんばることができるし，成果が評価，承認されることによってさらに動機づけられる。逆に，課題の意義が否定されたり成果を金銭的な報酬で応えようとするとかえってやる気をそぐことにつながることも指摘されている（表7-1）。

　達成動機とも大いに関連があり，紛れもなく高次の欲求で，キャリア発達を考える上でも重要な意味を持っている。

③　職務特性理論：ハックマンとオールダム

　職務特性が動機づけの水準を規定すると考えたのがハックマンとオールダムが提唱した「職務特性理論（job characteristic theory）」である（Hackman & Oldham, 1976）。仕事そのものが意欲を左右するという考え方は理解しやすく，達成動機理論や内発的動機理論と似ている。またマズローの自己実現欲求，ハーツバーグの動機づけ要因などとの関連性をうかがうこともできる。

　職務特性理論では，つぎの仕事の5つの特性がモチベーションと関連があるとされる。

　多様性（variety）：仕事に求められるスキルの種類が多い。

　完結性（identity）：仕事全体の流れが分かる。

　重要性（significance）：仕事に意義があり影響範囲が広い。

　自律性（autonomy）：仕事の進め方が任されており自分で工夫することができる。

　フィードバック（feedback）：仕事の結果や成果がその場で伝わってくる。

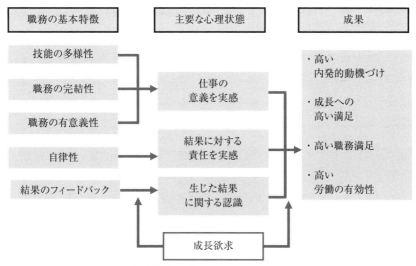

図7-7　職務特性理論（Hackman & Oldham, 1976）

これらの特徴がモチベーションと関連があるとされる（図7-7）。そしてこれらの特性を測定する尺度を用意して，モチベーションの水準を数値であらわすことが提唱されている。その際の算式はつぎのとおりである。

モチベーションの水準＝（多様性＋完結性＋重要性）／3×自律性×フィードバック

多様性，完結性，重要性で満たされるものを有意味性（meaningfulness）と呼び，モチベーションには，有意味性，自律性，フィードバックが必須で相乗効果があるということを示している。ただし，この算式が当てはまるのは，仕事を通じて成長したいという成長欲求を持っている場合にのみあてはまるとされる。成長欲求が媒介していると言うことで，自己成長したいと思って仕事に取り組んでいる人にとっては，仕事の性質がやる気に大いに関係がある，ということになる。

ちなみに，この算式で求められる指標はMPS：Motivating Potential Scoreと呼ばれ，5つの変数などがJDS：Job Diagnostic Surveyによって測定される。

コラム

モチベーションと
キャリア自律

　モチベーションは一般に「動機づけ」と訳される。職場でメンバーが仕事に力を注ぐように仕事の進め方を工夫したり声をかけたりするなどして，仕事に対する意欲を高める働きかけのことである。見方によっては組織が人の心を取り込む下心が見え隠れするように感じられないでもない。マネジャーが組織に利するようにメンバーの心を操っているかのようにである。確かに報奨金が提示されたり，マネジャーからの励ましの一言でその気になってがんばっても報われず，疲弊しつくしてしまうこともあろう。甘い雰囲気にごまかされないぞ，ということになる。

　このように考えると，マネジャーはメンバーに心の操作をしていることを見破られないように，うまく動機づける必要があるなどという，気持ちの良くないことになる。一方，メンバーは，マネジャーの下心をしっかりと読んでうまくやるか，大きな支障がない限り，うまくだまされておいた方が良いということになる。

　しかしメンバー個人は，組織やマネジャーとかかわっていくことによってこそ役割を獲得できるものであろう。また，同時にマネジャーからの働きかけこそが，やりがいの源泉であったり，安寧をもたらしたりすものでもある。組織にお世話になってこそ，健全なキャリア発達が得られる事実を認めないわけにはいかない。現実にも，一方的に組織のみ，あるいはメンバーのみに利するような状況は考えにくく，その両者の折り合いの中でマネジメントされ，キャリアサイクルが展開されている。どちらか一方のみに利するような組織が破綻することは，多くの事例から明らかであろう。

　メンバーは働きたくないわけではないどころか，精一杯努力し，やりがいを持って楽しく働きたいと考えているはずである。いやいや仕事をしていたら，面白くないし成長感もないし，そこから自己実現など得られそうもない。もちろん期待される成果も得られないであろう。

　マネジャー自身も同様に組織の一メンバーであるはずである。心を操作するスタンスを払拭して，徹底した自律の支援を基盤としたマネジメントが高次のモチベーションを実現させ，組織を強くするはずである。支えられた一人ひとりのキャリア自律こそが，操作されまいと緊張するメッキのモチベーションを乗り越える力になるはずである。

リーダーシップ

　リーダーは，政治家，会社や公的機関の「長」，学生のクラブ・サークルのリーダー，地域の町内会長など多様である。リーダーが集団や組織の命運を決定づけることが多く，そのあり方，すなわちリーダーシップは重要で身近な関心テーマであろう。

　また，組織にとって重要であるだけでなく，働く個人のキャリア発達にとっても意味は小さくない。働く人をマネジメントするのがリーダーだが，リーダーもまた働く人であり，組織や社会との関係性にかかわるキャリアの局面であるからである。本章では，主に経営組織におけるリーダーのあり方をとりあげて，さまざまな捉え方を整理しておく。

1節　リーダーシップとキャリア発達

　ワーク・モチベーションは「人はなぜがんばって働こうとするのか」がテーマであったが，リーダーシップは「どうしたら皆ががんばって働いてくれるか」の問題である。まず，リーダーやリーダーシップの意味を整理しておく。

1)　リーダーシップとは

　リーダーシップとは，集団や組織においてリーダーのメンバーへの影響力やそれをメンバーが受容するプロセスということであろう。しかし，複雑な人間心理や行動にかかわる事象である上に，社会経済の進展変化が大きくかつ速く，リーダーシップのあり方について唯一の正解があるはずはない。しかし，まずは基本となる枠組みのあらましについて整理しておこう。

　リーダーシップは，皆がどうしたらよく働いてくれるか，というリーダーの課題であるが，リーダーの問題は，単に影響を与えるリーダーのみの問題では

なく，リーダーの働きかけを受け入れるメンバーの問題でもある。リーダーは一人でリーダーであるはずはなく，リーダー－メンバーの関係性が問題であるからである。リーダーシップは，リーダーのメンバーへの働きかけの有効性，すなわちメンバーのリーダー受容度とも言えるわけで，リーダー－メンバー行動の相互影響過程全体を視野に入れる必要があるということになる。

　以上のように考えてくると，リーダーシップとは何か？　の問いにつきあたるが，研究の蓄積は膨大にあるにもかかわらず，普遍的な定義は見つけられない。文脈の必要に応じて定義するべきものかもしれない。ここでは，参考までに広く知られるチェマーズによる定義を紹介するにとどめる。『ある共通の課題の達成に関してある人が他者の援助と支持を得ることを可能にする社会的影響過程』(Chemers, 1997；白樫訳, 1999)。ここでいう「社会的」は「対人的」と置き換えてもよかろう。

2)　リーダーシップとキャリア

　リーダーシップは組織の問題であるが，働く個人のキャリア発達の問題でもある。新たに組織に参加すると，リーダーや先輩のもとで訓練を受けながらメンバーとして働く。経験を重ねると，つぎに参加してくる新人メンバーの指導役となる。経験を重ねると組織の方向性を決定する役割を担うようになり，そのために必要な資金，人材，物資などを配分する権限が委ねられる。そして自分の意思を組織の意思として，さまざまな活動を展開するようになる。組織の発展と組織メンバーの安寧が委ねられることになり，その責任と緊張と引き換えに，経済的により大きな報酬を得るとともに，社会貢献感，成長感・自己充実感を得て，つぎのキャリア発達のステージに進む。成功も失敗もあるが，リーダーとして幅広く信認されることがキャリア発達の目標の一つとなることも珍しくない。周囲の期待とは異なり，自身はリーダーの役割を避けたいと思う場合，あるいはリーダーになりたくとも組織からふさわしくないと思われる場合などもあろう。しかし，その場合も「長」とは異なる立場や役割を得て，組織に貢献することが求められる。すなわち，リーダー－メンバーなど公式の役割にかかわらず，組織の発展という目標を受け入れて相互に影響を与えあうリーダーシップにかかわるプロセスに参画することになる。

　したがって個人のキャリア発達の視点からもリーダーシップについて無関心

ではいられない。組織内のキャリア発達の問題は第1章, 第6章で触れたとおり, 組織に対してどのようにかかわり, どのような貢献をするかはリーダーシップの問題であると同時にキャリアアイデンティティの問題であるからである。

2節　リーダーシップのさまざまな理論

　リーダーシップへの関心は古くから幅広く存在し, 多くの研究が積み重ねられている。社会は急激な技術革新が進み発展し続けており, 組織や仕事の進め方が変わるとともにリーダーのあり方も変わってきている。まず, 蓄積されてきているリーダーシップの諸理論を歴史的な背景とともに整理しておこう。

1)　特性論

　リーダーのあるべき姿や選出のありかたなどに関心が寄せられたのは, 工業化が広く進み, 分業によってものづくりが進められるようになった時と言ってよい。20世紀初頭で, 組織のリーダーに関する科学的研究が求められた。その先駆けが, 前章の「科学的管理法」（Taylor, 1911）であり, 産業心理学の体系化（Munsterberg, 1913）などである。経済発展と実践の必要から科学的なアプローチが加えられるようになったわけである。

　当初の研究は, 優れたリーダーは共通した資質を有しているはずとの考えから, 同じような資質の持ち主を探し出そうとするアプローチである。身体的特徴, 社会的背景, 知的能力, パーソナリティ, などさまざまに焦点があてられた。ストッディルは, 多くの研究を総括し, 判断力・創造性, 学識・経験, 責任感, 集団への積極的参加的な姿勢, 社会経済的地位・人気などを見出している（Stogdill, 1948）。社会に広く認められた偉人的なリーダーをモデルにしていることから, 「グレートマン理論（greatman theory）」と呼ばれる。

　しかしながら, 必ずしも共通の資質が指摘されたわけではなく, ストッディル自身もリーダーシップは絶え間なく変化する諸変数の交互作用という視点から捉える必要を説いている。

2)　行動論

　1950年代以降, リーダーの有する特性ではなく行動の有効性に焦点があて

られるようになった。観察可能な行動に焦点が移されたことにより，優れたリーダーの発見から育成に軸足が変わったわけで，進展著しい工業化において多くのリーダーの供給ニーズが背景になっていたと言えよう。また，意識や行動様式を計量化する技法，すなわち心理測定の技術が考案されたことにより，リーダー行動の現状を数値にてフィードバックすることが可能となり，リーダーシップ訓練を促したことも見逃せない。急速な工業化の進展を背景にして多くのリーダーを誕生させる必要があったと言えよう。

　リーダー行動に関する多くの実証的な研究の結果，微妙な違いはあるものの，一貫して2つのリーダーの機能が示唆されて，実務家にも広く受け入れられるところとなった。すなわち，①集団目標を達成するための計画，仕事のメンバーへの配分，効率追求などの働きかけの有効性，②メンバーの心労に対する配慮や人間関係，チームワークの維持などの働きかけの有効性である。具体的な研究では，それぞれつぎのように命名されている。ミシガン研究では①生産指向，②従業員志向（Likert, 1961），オハイオ研究では①構造づくり（効率的な課題解決のために組織や仕事を組み立てる行動），②配慮（Fleishman & Harris, 1962），ブレイクとムートンでは①生産への関心，②人への関心（Blake & Mouton, 1964），三隅のPM理論では①P機能（Performance：業績志向），②M機能（Maintenance：維持機能）（図8-1；三隅，1966），などで，これら①②の2つの機能は概ね同じような意味内容となっている。

　図8-1は，PM理論の説明図である。pP-mMの2つの機能に関わる測定尺度が開発されて，個人の測定結果が座標面にプロットされる。リーダーシップ発揮状況が図示されてフィードバックされ，自己分析の上，両機能とも高く

図8-1　PM理論における2機能

なるように行動や態度を変えよう教育研修が進められるところとなった。

3）状況論

1970年代になり，経済の進展がさらに進むとともに経営環境はますます複雑化した。リーダーシップの研究も進み，普遍的に行動の有効性を2次元で説明することの難しさが認識されるようになった。こうした事態を背景とする3つの研究が知られている。

まずフィードラーの「条件即応理論（contingent theory）」があげられる。ここでは，リーダー行動の特徴をLPCスコア（Least Preferred Coworker）を質問紙で測定をすることから始められる。一緒に仕事をするのが苦手な人を想定し，その人を好意的，肯定的に受け入れている程度を回答させる（図8-2）。①図8-2の左側の低LPCスコアは，苦手な人には寛容でいられないことを示しているので，人間関係の維持より課題解決を重視するタイプとし，②図8-2の右側の高LPCスコアは，苦手な人にも寛容で受容できることから，多くの人に穏やかで人間関係を重視するタイプと判定する。そして，リーダーとメンバーの関係の良さ，仕事の目標や手順の明確さ，リーダーの地位の高さ・権限の大きさなどによって各タイプの有効性は異なることを多角的な実証研究によって明らかにした（Fiedler, 1967）。その結果を総括すると，状況がコントロールしやすい場面，および逆にコントロールが困難な場面では①低LPCの課題解決重視型が，コントロールのしやすさ中程度の場面では②高

低スコア 厳しく成果重視	左右への近さを 8段階で評定	高スコア 寛容でプロセス重視
楽しくない	←------→	楽しい
友好的でない	←------→	友好的である
拒絶的である	←------→	受容的である
緊張度が高い	←------→	ゆとりがある
遠い	←------→	近い
冷たい	←------→	暖かい
敵対的である	←------→	支持的である
退屈である	←------→	興味深い

図8-2　フィードラーのLPC尺度（一部）（白樫，2009, p.103より作成）

LPC の人間関係重視型であったということになろう。

つぎにハウスの「パス－ゴール理論（path-goal theory）」と呼ばれる理論があげられる（House, 1971）。状況により有効性が異なるという基本的な考えは同様であるが，それだけでなく，メンバーにおいてどのように受け止められるかのプロセスや関係性の道筋（path）の解明が目指された点で異なる（図8-3）。それが明らかになってこそ，具体的な対応策を考えることができるとされたのである。

さらにハーシーとブランチャードの「SL 理論（Situational Leadership theory）」と呼ばれる理論もある（Hersey & Blanchard, 1977）。状況要因としてメンバーの成熟性に焦点を当てるもので，メンバーの成熟度が低い場合は教示的，そして成熟度が高まるにしたがって，説得的，さらに参画的，究極的には委譲的な姿勢が有効になるとしている。メンバーのキャリア発達における成熟との関連性を軸にした理論であることから「ライフサイクル理論」と呼ばれることもある（図8-4）。

状況論ではいずれもリーダーシップは個人の特性や機能とする立場から離れ，集団の機能とされる。リーダーの行動のみでなく，リーダーとメンバーの特性，仕事の特性，組織・職場の特性などの状況を視野に入れて全体のダイナミクスから捉えるべく視点が転換されたものと言えよう。リーダーシップはメンバーや職場との関係性がテーマであることを考えれば当然かもしれない。

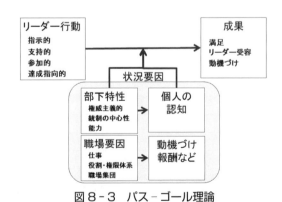

図8-3　パス－ゴール理論
（田尾，1991；House, 1971 の解説 p.177 より作成）

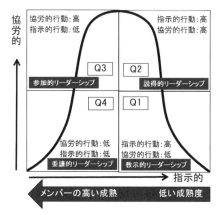

図8-4　SL理論によるリーダーシップモデル
（池田，2007；Hersey & Blanchard, 1977 の解説より作成）

3節　組織の方向を転換させるリーダーシップ

　その後，技術革新のスピードが速まるのを背景に経済の成熟化，複雑化に直面することとなる。米国では70年代後半以降，日本では90年代以降，経営環境の変化はスピードを上げながら進展している。本節では，こうした事態の変化を整理し，対応するリーダーシップの理論をとりあげる。

1）　キャリア環境の変化

　これまでとりあげてきたリーダーシップの理論も時代の環境変化が背景にあったが，環境の変化がその内容，スピードとも速くなっていることから，リーダーシップやキャリア発達のことを変化の文脈から捉えなければならない。そこで，まずその変化とはどのようなものかを確認しておきたい。ベニスらは変化をつぎの5点に整理している（Bennis & Nanus, 2003）。

　まず，キャリアを取り巻くさまざまな価値体系の変化である。家族，生活様式，働く上での倫理，企業の社会的責任，マイノリティの権利擁護などは経済の進展とともに多層的，質的に変化している。第2に，輸送網や通信網の浸透を背景にしてモノ，アイデア，仕事，金銭，人などの資源が世界の国々の相互依存度が高まっていることである。いわゆる経済のグローバル化で，資金や人

材の調達，商品・サービスの開発は，海外との連携によって展開される。第3に，技術革新のスピードが速まることにより，技術の細分化，専門化が進み，多様なものの見方や価値をもつ人々を一つにまとめあげる必要が生じている。一つの商品，サービスには多くの高度な専門家がかかわるため，多様な人をまとめあげなければならない。異質な価値，文化を超えた人とのコミュニケーションと統合である。第4に，社会の形態，文化規範が多様化しており，それに合わせた多様な商品，サービスが必要となっていることである。最後に，組織で働く従業員が組織の意思決定に参画したいと思うようになっていることがあげられる。上司の指示に従うのみで満足することなく，自分の意見やアイデアを経営に反映させたり，計画や仕事の進め方を自分で決めることによってキャリアの充実感を得たいという仕事観である。

2) 交流的リーダーシップ

こうした時代背景においては，キャリアの展開は複雑で流動化することになるし，リーダーシップの理論も複雑化することになる。リーダーからメンバーへの働きかけのみでなく，メンバーとの相互作用も視野に入れるもので，交流的リーダーシップ（transactional leadership）と呼ばれる。グレンらが提唱したのは，「リーダー－メンバー交換理論（LMX理論：Leader-Member Exchange theory）」である（Graen & Cashman, 1975）。リーダーがメンバー全員に均一にかかわることは難しく，人間関係の濃淡，やりとりする情報の多寡などの偏りが生じ，その関係性の蓄積が組織の業績やメンバーの満足と関連が深いことが指摘されている。

さらに，ハウスによる「カリスマ的リーダーシップ」と呼ばれる理論も知られている（House, 1977）。混沌とした状況下で突出した影響力を発揮するアプローチで，極端に高い自己信頼，メンバーとの優位性を示すリーダーの特徴に焦点を当てるものである。

いずれも，状況論よりもリーダーシップの様相を一層ダイナミックに捉えるアプローチである。

3) 変革的リーダーシップ

さらに，環境の複雑化，流動化にあって，過去の成功の蓄積や戦略を否定す

ることも必要な事態で，組織の目的，目標の原点を見直し変革を導くリーダーシップが期待されるようになる。そのあり方を示すのは「変革的リーダーシップ（transformational leadership）」と呼ばれるが，その端緒となるバスの研究では，つぎの4つの要素が抽出されている（Bass, 1985）。

すなわち，①メンバーから盲目的とも言えるほどの信頼を得ているカリスマ性，②仕事や課題の意義を明快に示し，課題への積極的な取り組みを呼び起こす情熱的なパワー，③メンバーの考え方やものの見方に訴えかけ視野を拡げる知的刺激，④メンバー個々人の課題達成や成長機会に注意を払いながら支援する心配りである。

メンバーと課題を共有しながら意欲を引き出すリーダーシップで，換言すれば，権限の強制力に依らない真の対人影響力と言えよう。夢の実現や使命を全うしようする人間臭いパワーによってメンバーを巻き込む動きでもあり，他にも同様の方向づけがなされる多くの理論が展開されている。

4） サーバントリーダーシップ

変革的リーダーシップに関する議論は多様に展開されているが，象徴的な研究としてサーバントリーダーシップ（servant leadership）と呼ばれるものがある（Greenleaf & Spears, 1977）。サーバントというと，執事，召使などを意味する用語で，上位に立つリーダーとは無縁のように思われる。しかし，ここではメンバーが課題の意義を理解し，それを自分の問題として自律的に取り組む，それを可能にするべく下支えする姿勢とされている。

具体的にはつぎの10の視点があげられている。①傾聴：メンバーの大事な声を積極的に聴く，②共感：メンバーの声を傍聴者としてではなく共感的に聴く，③癒し：メンバーを疲弊させたり傷つけたりすることなく面倒をみる，④気づき：メンバーの意識を高め，自らの倫理観・価値意識に気づきを得させる，⑤説得：課題の意味や解決した際の効果をしっかり納得させる，⑥概念化：わかりやすい言葉で大きな夢を掲げ，それを浸透させる，⑦予見：改革を推し進め，将来を予見，構想する，⑧執事役：目立たぬように日々のメンバーの仕事を支え，信頼される，⑨成長への関与：メンバー一人ひとりを大切に思い人間的にも成長させるようにする，⑩コミュニティづくり：メンバー相互に関わり合い，気にかけ合う共同体を築く。

サーバントという用語は，自身の課題への情熱とメンバーへの徹底した信頼感にもとづくリーダー像をあらわすものと言えよう。

5) リーダーシップ論の推移とまとめ

リーダーシップに関わる理論は，時代を映しつつ，特性論 → 行動論 → 状況論と推移し，変革を目指すアプローチに至っている。それは時代の要請に従い，環境変化に適応する知恵と工夫の推移でもあろう。このとき留意すべきは，新しい理論は先行理論に置き換わるという性質のものではなく，先行理論を統合化しながら複雑化していくと捉えておくべきものであろう。近年，パーソナリティに関する研究が進んだことを背景に，相変わらず特性論のアプローチもみられる。また，多くの場面でリーダーシップを課題志向と人間関係志向の2つに分けて考えるのはなじみやすく，近年も企業内のリーダーシップ研修では基礎であり続けているように思われる。変革的リーダーシップのアプローチにおいては，時代の流れの中で複雑さを吸収してそれまでの諸理論を吸収しているように見える。こうした理論の展開は，キャリア発達論，ワーク・モチベーション論などの領域においても広く見られるところであろう。

ちなみに変革的リーダーシップ研究の先には，「フル・レンジ・リーダーシップ（full range leadership）」と名付けられたこれまでの諸理論を統合して体系化する試みもみられる（Avolio, 1999）。

リーダーシップ前出のベニスがつぎのように述べているのは示唆に富む。『偉大なリーダーの伝記を読むと，皆が類まれな才能をもって生まれ，なるべくしてリーダーになったという印象を受ける。しかし，実際，リーダーに求められる能力やスキルは学べるし，意欲や大きな障害がない限り，学ぶ機会は広く開かれている。もし，リーダーシップに役立つ才能を持って生まれたなら強化することができる。先天的な才能よりも教育のほうがはるかに重要な役割を果たすのだ。』（Bennis & Nanus, 2003, 伊東訳, 2011, p. 247）

コラム

『構造づくり』と『構造こわし』

「構造づくり」とは，リーダーシップの行動論に分類されるオハイオ研究（Fleishaman & Harris, 1962）における2機能の内の一つであった。仕事の効率を上げるために役割を分担し，仕事の手順を標準化するなどの機能で，仕事を進める上の基本であるのは間違いなかろう。

もう少し「構造」の意味するところを考えてみよう。組織図など文書にあらわれる役割分担，職務マニュアルにあらわされる手順があるが，職場に固有の習慣や暗黙のルールなども一つの要素と考えておいたほうがよさそうである。文書と違い目に見えないので，構造とは言えないとしても，日々の仕事を通じて培われる職場風土なども職場の特性ではあろう。文書化されたハードな構造に対して目には見えないソフトな構造である。

このソフトな構造は，リーダーとメンバーのさまざまなやり取りが積み重なって形作られ，職場風土，企業文化，社風などとして組織特性となる。リーダー－メンバー間の情動的なやりとりが介在することを考えると，オハイオ研究におけるもう一つの機能である「配慮」との関連が深そうである。いずれにしろ，ハードな構造と同時にソフトな構造を方向づけるのもリーダーの役割と考えたほうがよかろう。なぜなら，これが組織の推進力にもブレーキにもなるからである。

やっかいなのは，組織図やマニュアルは，その気になれば書き換えられるが，これは文書がないのでそうはいかない。変えようとするとそれなりのパワーが必要になる。とりわけ歴史のある組織，あるいはこれまでに多くの成功の実績のある組織では，力強い抵抗と対峙せざるを得なくなる。成功体験に裏づけられており，ソフトと言えどもしつこくハード？な一面もある。

リーダーは事の成否を見通しつつ，抵抗に妥協するリスクと抵抗をはね返すリスクの葛藤に直面することもある。最後はリーダーの想いの強さ vs. 抵抗とのせめぎ合いがリーダーシップの行方を決定づけることになる。環境の変化の渦中にあって組織が培い成功をもたらしたハードなソフト構造をこわす選択が功を奏することも少なくない。

構造づくりがリーダーの役割とすれば，構造こわしもまたリーダーの役割なのである。ちなみに，「構造こわし」はリーダーシップを研究される古川久敬先生のご著書の書名ではある（古川, 1990）。

人材マネジメントにおけるキャリア発達支援

　組織の経営において重要な資源は人,物,金,情報とされるが,言うまでもなく人材マネジメントは人にかかわる活動である。製品の開発,製造,販売などすべての経営活動を推進するのは人であり,人の力を最大限に引き出さなければ,戦略を効果的に展開することができないと考えると,人材マネジメントの重要性が際立ってくる。

　しかし,人は機械と異なり複雑多様で,その働きは容易に引き出せるものではない。人を人材としてだけでなく,家族の一員であり社会の一員であるということを再認識し,意思と感情と生活の背景を最大限に尊重したマネジメントが指向されなければならないのである。本章では,組織経営におけるキャリア発達支援を基盤とする人材マネジメントについて見てみよう。

1節　人材マネジメントとは

　まず,人材マネジメントとはどのようなことで,そのあり方は,その組織で働く個人のキャリア発達と大いに関連があり,経営にとってどのような意味があるかを整理しておく。

1)　人材マネジメント小史

　人材マネジメントという用語は,以前からあったわけではない。歴史的に,社会的な背景の中でマネジメント観が変わり,用語にも変化が見られたものである。当初は,人間は機械を操作する機械といった存在で,生産性や能率に焦点を当てられた時代で,「労務管理」の用語が用いられた。

　その後,経済成長のスピードが速まり,メンバーが一丸となって組織目標に突き進むことが至上の課題となった。そこでは,個人の思いよりも組織の目標

を達成させることを優先するマネジメントが指向され，事務・技術職も対象にして「人事管理」の用語が用いられた。つぎに経済の成熟化とともに経営資源としての人材の重要性が改めて認識されるようになり，人を人的な経営資源と捉えた「人的資源管理」の用語が定着するところとなった。そして人的資源と経営戦略との関連性に関する研究について注目されることが多くなり，「戦略的人的資源管理」として理論的，実証的な研究が進められた（守島，1997；蔡，1998；松山，2005 など）。

さらに技術革新のスピードが速まったり経済の成熟化が進んだりしたことを背景として，働く人の個性と創造性を最大限に引き出し，組織の柔軟性を高める方略がとられるようになった。すなわち，一人ひとりの意思や希望を重視する「人材マネジメント」のアプローチである（守島，2004）。そこでは働く個人のキャリア発達支援や長期的な戦略としての意義が強調されている。

本書では，個人のキャリアを最大限に尊重するところに経営戦略の効果が得られるものとの立場に立ち，人材マネジメントの用語を用いる。

2） 経営における人材マネジメント

組織経営における人材マネジメントの機能はつぎの 3 つに整理できる。第 1 には，経営戦略を遂行するために必要な人材の確保である。必要な技術・技能の持ち主を社外から採用する，社内の人材を訓練する，戦略に合わせて人材の配置を換える，などの活動がこれに相当する。

第 2 には，組織を維持し，強化していく機能で，組織が大切にする価値を末端まで浸透させる，組織の方針や戦略を支持する健全な職場風土を醸成する，組織メンバーとしての一体感を醸成するなどである。第 1 の機能が，経営戦略を効果あるものにする直接的な方略であるのに対して，第 2 の機能は組織を維持強化していく比較的長期的な効果を狙いとしている。

最後の一つは，組織で働く人のニーズを満たすことである。組織で働く個人は，経営管理者を含めて，多様な価値と意欲をもったメンバーであるが，その一人ひとりのニーズを満たし，満足と安寧を提供することである。第 2 の機能が，組織がメンバーに忠誠を求めるのに対して，この機能は，組織が働く個人の事情や意思にどのように応えられるかの問題である。換言すれば，組織の戦略ニーズと個人のキャリアニーズの折り合いをどのようにつけられるかが課題

ということになる。

　これら3つの機能は，独立的ではなく，個人を支える第3の機能が第1，第2の機能を高めるインフラという一面があり，最も長期的な視座が求められる。キャリア発達支援と関連が深く，企業業績と直接関連がないが，組織の体力として重要であるとの指摘が多い。働く個人が満足することによって経営や組織への忠誠が高まり強い組織になるし，それが経営戦略の推進力となることが想定できるからである。

3） 人材マネジメントの展開

　人材マネジメントの具体的な展開は，人材の採用から退職に至る過程の諸活動で，前項の3つの機能と関連づけて表9-1のように整理できる。人材マネジメントの諸場面を働く個人から見ると，キャリア発達は，これらの過程すべてと関連がある。採用は最初の大きなキャリア選択の場面であり，配置・異動は経験的な職務の内容が方向づけられる。人事評価は，能力や業績の組織にお

表9-1　人材マネジメントの概要

	内容	人材マネジメントの機能		
		事業推進	秩序維持強化	キャリア発達支援
採用	人材の外部からの導入	○	○	
異動・配置	人材の配置や変更	○	○	
人事評価	人材の能力や業績の評価		○	○
昇進・昇格	上位の役職や資格に登用		○	
報酬管理	賃金などの報酬の配分		○	
人材開発	人材の能力や態度の育成	○	○	○
ワークライフ・バランス	個人の事情・意思などと組織ニーズとの調整		○	○
福利厚生	従業員，その家族の福祉の向上		○	○
就業条件整備	労働時間・休日や就業場所の調整		○	
退職・雇用管理	退職・セカンドキャリアの管理や雇用調整		○	○

115

ける価値づけであり，その過程は公正感・公平感につながり，働く満足や動機づけと関係が深い。昇進・昇格は責任範囲の拡大などの問題で，これも動機づけと大いに関連がある。報酬管理は，賃金などの収入の多寡と関連があり，キャリア発達の基盤となっている。人材開発は，能力の獲得，また職務への動機づけ，組織とのかかわり方などの態度面の見直し，さらにキャリアを見直したり目標を見定めるなどの機会となる。ワークライフ・バランスは，第6章で述べたとおり仕事と個人生活のバランスを適切に図るためのものであり，前項の第3の機能と最も関連が深い。福利厚生は，個人の生活保障につながるもので，安心や安寧を提供する施策となる。就業条件の整備は，労働時間や勤務場所の整備であり，働きやすさなど職業生活の質と直接関連がある。退職・雇用管理はキャリアの基本にかかわる雇用の問題を扱う。

このように人材マネジメントを個人の側から見ると，キャリア発達と直接，間接に関連が深いことがよく分かる。本書では，キャリア発達の支援と関連の深い，教育研修，職場におけるマネジメント，キャリア自律支援の施策を取り上げる。

2節　教育研修によるキャリア発達支援

人材マネジメントの施策の中でキャリア発達支援と最も関連のあるのが教育研修である。教育研修の一般的な展開を理解し，キャリア支援のための研修や施策の概要を理解しておこう。

1）　教育研修のあらまし

教育研修は経営の重要な課題の一つで，組織の経営方針に沿ったプログラムが展開されている。教育研修体系の一般的なモデルは階層別研修，職能別研修，自己啓発支援，年齢別研修などで構成され，図9-1のように示すことができる。また，教育研修の機能や目的はつぎの3点で説明することができる。すなわち，①経営戦略を遂行するために必要な知識・技術・スキルを獲得させる，②メンバーの組織に対する意識や態度を養い組織を維持強化する，③メンバーに自律的なキャリアを形成させることである。人材マネジメントの機能を前節で3つに整理したが，それぞれに対応づけることができる。

階層	階層別研修	職能別研修	自己啓発支援	年齢別研修
役員 部長	トップセミナー 部長研修	営業スキル研修 / 語学・異文化研修 / 技術・生産研修	外部研修会などへの派遣 / 通信教育	50歳研修
課長	課長研修 管理職候補者研修			40歳研修 30歳研修
主任 一般職	主任研修 上級社員研修			
新入社員	新入社員研修			

図9-1　企業の教育研修体系モデル

① 経営戦略を推進するための教育研修

経営戦略を推進するための教育研修は、経営戦略に必要な知識・技術やスキルを取り込むためのもので、未熟な組織メンバーを専門家に仕立て上げる過程である。採用（主に中途採用）が組織外からの人材導入であるのに対して、教育研修は組織内の人材を訓練によって確保するものである。

具体的には、専門知識を習得する技術者研修、営業スキル研修、海外ビジネスを展開するための語学・異文化研修などで、部門別に当該職能を担当するメンバーを対象にして企画されることが多い。たいてい職場を離れて研修所などで行われる集合研修方式（Off-JT：Off the Job Training）で、特殊な知識やスキルを外部のセミナー、ビジネススクールなどに派遣して習得させたり通信教育を受講させたりする。また、上司−部下、あるいは先輩−後輩の関係から職場内で職務を通じて訓練される方式（OJT：On the Job Training）によって展開されるのもこの範疇に含まれる。

② 組織力を高めるための教育研修

組織力を高めるための教育研修は、組織の価値や方針・理念を徹底するための研修や汎用的なスキルを習得するためのプログラムである。組織が大切にする価値を共有させて組織コミットメントを高めたり、意思や仕事に対する姿勢を方向づけたりすることが目指される。具体的には、職務上の役割意識を高め

ることのほか，リーダーシープ，メンバーシップ，人間関係スキル，コミュニケーションなど組織行動にかかわる汎用的スキルの訓練である。対象者は階層などによって一律に適用される場合よりも，必要に応じて選抜したり希望者を募ったりして実施される場合が多い。いずれも集合させて行うOff-JT方式で，講演・講義，ケーススタディ，討議，演習などの手法が用いられる。

③ キャリア支援の教育研修

　キャリア支援の教育研修は，それまでの職務経験の成果を振り返り，その意義を確認させると同時に将来の方向を見定めさせる狙いがある。キャリア発達を自らの時間軸と役割から確かめ，組織内での位置を再認識するなど，いわゆるアイデンティティを強化する意味が込められる。すなわち組織内にも加齢に伴うキャリアサイクルが存在し，組織の一員としての当事者意識を持たせることが目標となるのである。キャリア発達を直接支援するもので福利厚生的な色彩もあるが，それ以上に，足元をしっかりと固めて自律的に働く個人を育てる長期的な経営戦略の意義がある。次項で詳しく触れるが，プログラムはそれ

表9-2　組織内キャリアサイクルの例

	20代　試行する	30代　専門を絞り込む	40代　ものごとを成し遂げる	50代　後輩に引き継ぐ　この先の人生を考える
テーマ	・自立・自律を意識する ・主体的に行動する	・キャリアの選択と集中 ・コミットメントを高める ・自己責任でキャリア選択をする	・自らの市場価値を高める ・仕事で成果をあげる ・転機への対応	・生涯現役 ・後進への継承
ポイント	・仕事を覚える ・仕事の領域を拡大する ・自らの可能性をひろげる	・リーダーシップを発揮する ・得意領域を確立する ・プロになる分野を選択する ・折り合いをつけ腹を決める ・ライフ・キャリアのバランスをとる	・専門領域で実績をあげる ・プロとしての自分を確立させる ・社外のキャリアを視野に入れる ・企業人の中間地点で職業人生の再点検をする	・自らの貢献領域を見つける ・後輩に継承する ・セカンドキャリアについて考える ・会社人生の総仕上げをする

（月刊「人事マネジメント」，2004/12，p.29より作成）

	9:00		13:00		18:00	
一日目		オリエンテーション	キャリア開発の考え方	自己分析 I 満足度 フラストレーション 動機づけ要因	夕食	（キャリア・カウンセリング） （個人学習） （情報交換会）
二日目	自己分析 I（つづき） 能力 行動特性 キャリアアンカー	昼食	キャリア開発事例	自己分析 II パーソナルデータ ライフダイヤグラム ライフダイヤグラム分析	夕食	（キャリア・カウンセリング） （個人学習） （情報交換会）
三日目	キャリアプランニング 話し合い　分析結果の整理	昼食	キャリアプランニング 適職・不適職 キャリアゴール設定 自己啓発目標 中長期キャリアパス設計 当面の行動計画		まとめ	

（日本経団連出版編, 2006, p.232 より作成）

図 9-2 キャリア研修プログラムの例

までの職業生活を振り返らせてその後の目標を見つけ出させる展開が多い（表9-2, 図9-2）。30歳, 45歳, 50歳など年齢の節目で実施し, 一般に対象者全員を一律に対象にして, Off-JTやeラーニングなどによって展開される。

2）キャリア研修プログラム例

キャリアサイクルには加齢に伴うキャリア発達課題があるが, 組織内においても加齢や経験年数に伴う発達課題の推移が存在する。表9-2はそうした組織内キャリアサイクルをあらわす事例である。したがってキャリア研修は, 特定の階層のみが対象になるのではなく, すべての年齢層において, 各々のニーズに沿ったプログラムが企画される。新入社員には, 組織社会化を促すプログラムとなるし, 30歳代のメンバーには組織のリーダーとしての意識づけや個人生活とのバランスを意識させつつ組織へのコミットメントを高めさせることがテーマとなることが多い。また, 40歳代になると, 企業人としての中間点にあって自分の専門性たるものを改めて評価・認識させることが, さらに50歳代のメンバーには後継者の育成やセカンドキャリアを見通させることが狙いになる。

いずれも人生という時間軸，および組織や社会という空間のなかに自己のポジションを見直して，将来の見通しを持たせることが狙いとなる。図9-2はキャリア研修プログラムの一般的な例である（日本経団連出版，2006）。日常の仕事から離れて，これまでの経験，職場，家庭などにおける自分を振り返る機会となっている。相互インタビュー，討議や演習などを用いて，自己を語り他者のキャリアに触れることによって視野を広め，さらに，夕食後の時間を用いて，キャリア・カウンセリングを行うことによって，多角的に自己と対峙させるプログラムになっている。

3) 多面観察評価ツールによるキャリア発達支援

つぎに，キャリア発達支援の意義が認められるツールとその展開法について触れておきたい。このツールは職場サーベイの一つで，「多面観察評価ツール」と呼ばれる。キャリア研修の名称が冠されることはまれで，そのサーベイ結果の報告書がリーダーシップ研修，メンバーシップ研修などの教育研修（Off-JT）として，あるいは上司との個別面談，専門家によるカウンセリングにおいてフィードバックされる。

多面観察評価ツールとは，職務遂行の鍵となっている行動について，当人自身と職場の複数グループの複数関係者によって評定され，その集計結果を当人にフィードバックするためのサーベイ（調査手法）のことである。当人をぐるりと取り巻く関係者からのサーベイであることから，「360度フィードバック・ツール」と呼ばれることもある。個別の企業，職務に応じて開発されることもあるが，標準版として汎用的なツールが専門機関から提供されることもある（大沢ほか，2000）。

① 多面観察評価ツールのあらまし

具体的には，担当する職務において重要な鍵となっている行動が数十項目の評定項目によってあらわされる。そして，その行動の仕方が十分かどうか，あるいは重要な行動が観察された頻度について当人と複数の関係者に評定が依頼される。評定尺度は，程度を「不十分，やや不十分，どちらともいえない，ほぼ十分，十分」，または頻度を「まったく，ほとんど，ときどき，たいてい，つねに」などと5段階で評定されることが多い。そのとき評定項目は，すべての評定者に当人と同じ項目が提示される。関係者とは，当人が管理者の場合，

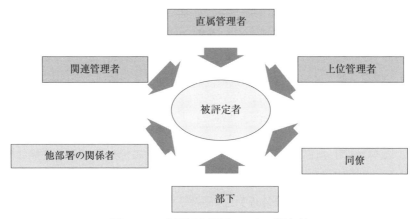

図9-3　多面観察評価ツールの評定者

さらに上の上司，同僚，部下ということになり，同僚や部下は複数人になる（図9-3）。ときには組織外の顧客が評定者になることもある。評定結果は，評定者グループごとに評定者を匿名にして平均された他者評定値が，当人の自己評定値と対比させた報告書が作成される（表9-3）。そこでは，自己評定と他者評定が，両者のギャップとともに数値であらわされることになる。

評定の専門家でもない職場の関係者の主観的な評定で無責任な回答が懸念されるが，複数人による評定を平均するものであることや要素レベルでなく，職務行動を観察して評定されることなどから有効な情報となることが検証されている。しかし，結果の取扱い方など，プログラム展開について十分な事前の説明がなければ，職場に疑心暗鬼が生じかねないのも事実で，慎重な運用が必要とされている。

② 多面観察評価ツールの展開

具体的な展開は人事施策全体の文脈に合わせて多様に工夫されている（日本経団連出版，2002）。大筋はつぎのとおりである。評定結果の報告書は当人にフィードバックされ，自分の行動が周囲の関係者にどのような影響を与えてきたかを考える素材として用いられる。報告書がフィードバックされることにより，そうした職場の現実に直面させられることになり，ときには大きなインパクトとなる。そして，現実の周囲への影響の原因が自分の意識や姿勢にあるとすればどのようなことかを内省させる。その内省によって仕事をする姿勢やも

表9-3 多面観察評価ツールの報告書例
(日本経団連出版, 2002, p. 22 より作成)

被評価者	現部署	階級	入社年月日
鈴木一郎	営業一部	リーダー	1994年4月

No	質問内容	本人	上司	同僚	関連	比較図 1 2 3 4 5
1	社外の人に自社商品について説明をしているか	4	3.5	3.1	3.6	
2	質問に適切に答えているか	3	3.2	2.1	2.8	
3	相手のアドバイスに耳を傾けているか	5	2.6	1.5	1.8	
4	健康管理ができているか	2	1.2	1.1	1.1	
5	上司への報告は適切か	4	5.0	3.1	3.5	
6	上司や同僚への連絡・相談は適切か	4	3.8	1.2	1.5	
7	業務上の課題を把握しているか	4	4.1	3.2	3.8	
8	お客様の課題を把握しているか	5	4.5	2.5	3.5	
9	課題の分析をしているか	4	5.0	3.1	3.8	
10	課題となっている原因を追求できているか	5	4.3	3.1	3.6	
11	解決策は適切か	4	3.4	3.9	3.8	
12	解決に向けての行動は取れているか	3	4.6	3.7	3.9	
13	後輩に対して指導内容は適切か	5	2.3	1.1	1.2	

のの見方を改めることになる。

　しかしながら，このサーベイ結果のフィードバックプロセスは，当人にとっては現状否定と映りやすく大きなインパクトを与えることがある。そのショックを建設的に消化するためには，丁寧なケアが必要となる。同じ立場の研修生同士で自分の結果や気持ちを開示し合って討議することによって消化させる。また，上司によって個別面談してアドバイスしたり，専門家によってカウンセリングするなどの方法がとられることもある。

　キャリア発達の背景には，自身の資質特性，態度・価値意識・行動と職場からの期待の認識がある。多面観察評価ツールは，その2つの認識を直接すり合わせるプログラムと言えよう。

3節　目標管理によるキャリア発達支援

つぎにキャリア発達支援と関連の深い目標管理などの職場のマネジメントにおけるアプローチを見てみよう。職場で仕事を通じて，新しいものの見方，発想，スキルなどを身につけて，組織におけるキャリアを発達させていくわけで，そのプロセスを促進させる仕組みである。仕事のやりがいや仕事生活の安寧などと大いに関連がある。

1）目標管理とは

まず「目標管理」である。人は目標を持つことによって動機づけられるとの理論は，前章の目標設定理論であった。そこでは，目標が具体的で，高く設定され，進捗がフィードバックされるとき，動機づけが最も高くなると説かれていた。目標管理は，こうした目標設定行動の性質をマネジメントに最大限に活かそうというものである。

もともとは経営学者であったドラッカーによる提案と言われ，Management By Objectives の頭文字をとり，MBO と略されることも多い。ドラッカーの意図は，目標を管理するというものではなく，目標の設定を自主的に行って，自律的に課題解決することによって大きな成果を得て満足を得ることにあった。Management By Objectives の後に，and self-control と続けられており，自主，自律が強調されているのである（Drucker, 1954）。

つまり，部下に自主的に目標を考えさせ，その進捗を確認して相談に乗り，結果について相互に確認し合うという協働的，支援的なアプローチなのである。したがって，業績管理の一環として組織全体で展開される人事制度には違いないが，管理者が部下に目標を与えてその進捗を管理し，結果を評価するという命令－服従関係を強化するための仕組みではないのである。その成否は現場の運用力が大切で，職場を預かる管理者と部下一人ひとりがこうした趣旨を理解して臨むことが鍵となる。個人はこのプロセスにより，組織からの期待を受け止めながら仕事に自主的に取り組んで組織に貢献し，組織から認められてやりがいと安寧を得るのである。この日々の積み上げが自己成長につながり，健全なキャリア発達のサイクルとなる。

2) 目標管理によるキャリア発達支援
① 目標管理の展開

具体的には，図9-4のように，節目ごとに行われる管理者と部下の面談を通じて「目標の設定」→「進捗の報告・相談」→「結果の評価」のサイクルを回していくことになる。一つのサイクルは6カ月程度で運用され，期初に管理者とその部下が1対1で面談し，組織全体の目標とすり合わせながら個人目標を共有する。期中には適宜，進捗を報告したり予期しなかった問題への対処法などについて相談したりする。また，ときには目標を調整する。そして期末には，当該期間を振り返って評価され，成果が確認される。

職務内容によっては，目標管理のサイクルが機能しないこともあるが，運用方法を工夫することによって幅広く適用されている。また，目標管理制度は，導入各社で多様な展開の工夫がなされている。組織目標をノルマのようにして一途に目指していこうとするケース，集団主義的に組織が一丸となるために経営への参画意識を高めようとするケース，個人の尊重を旗頭にして自律を促進させようとするケース，成果主義を徹底させるために人事評価の納得性を高めようとするケースなど，導入の狙いには経営環境の変化に合わせて運用されてきている（日本経団連出版，1994；奥野，2004などに詳しい）。

② 目標管理の実践的意義

目標管理における意義は，つぎの3点に整理することができよう。まず，上

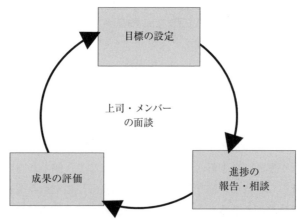

図9-4　目標管理のマネジメント・サイクル

司と部下のコミュニケーションの円滑化があげられる．組織が管理者を通じて，経営の目指す方向，組織や職場の事情などについて従業員に伝え理解を求める場である．一方，働く個人が市場や職務の現場について状況報告し，さらに個人的な希望や意思を伝え理解や配慮を求める場となる．つまり経営から末端に向けたトップダウンの情報発信の場であると同時に，現場の従業員から経営者に向けたボトムアップの情報提供の場なのである．個人のキャリア発達の視点から言えば，自分の仕事の社会・組織・職場などにおける役割を確認して，アイデンティティを確かにする機会と言えよう．

　つぎに，モチベーションを高めることがあげられる．いつまでにどのような状態にする，などと具体的に目標を共有し，しかもできるだけ高い目標にチャレンジさせる．そしてその成果についてフィードバックする．これは，前述のとおりモチベーションの目標設定理論が示した結論である．人は自分の位置づけが明確であることや自分の成し遂げたことが認められることは，やりがいやアイデンティティを確かにするものである．

　さらに，人材育成を促すことがあげられる．管理者との面談を通じて経営的な視点が示されたり，具体的な仕事の進め方やスキルが指導されたりするなど，協働的，支援的なプロセスが重視されるのである．こうした過程は Off-JT の教育研修に勝るとも劣らない教育の機会となる．経営的な視野を獲得し積極的にチャレンジする姿勢やスキルを実践を通じて学ぶ大きな成長機会である．

　以上から明らかなように，目標管理は業務を円滑に推進させる仕組みであると同時に，個人のキャリア発達支援を促す場でもあることが分かる．

3) **メンタリングやコーチング**

　目標管理は職場マネジメントの仕組みで，管理者とそのメンバーとのやり取りが基礎となっていた．同様に職場のマネジメントの一環としてキャリア発達を支えるアプローチに「メンタリング」や「コーチング」があげられる．これらは基本的な考え方や展開・技法は異なるが，類似した技術が背景になっている．また，次章のキャリア・カウンセリングは職場マネジメントの範疇ではないが，対面的な関係によってキャリア発達の課題解決を目指す意味では似ている．

① メンタリング

「メンタリング（mentoring）」は，最近，一般書も著され，広く知られるようになっている（渡辺・平田，2006）。しかし，多様に展開され複雑な様相を示しており，概念整理が議論されているほどである（久村，1997）。大まかに言えば，組織上直接的な関係のない年上の経験豊富な人が進むべきキャリアの方向を示したり，課題解決を支援したりするなど，後進の指導，保護，相談をする活動ということができよう。前出の目標管理も自律支援的ではあるが，目標管理が職務の遂行を直接的に促すものであるのに対して，メンタリングは職務と関連のない個人的な問題まで包括的に支援する点が特徴的である。メンタリングを提供する上位の人を「メンター（mentor）」，下位でそれを受ける人を「メンティー（mentee）」あるいは「プロテジェ（protege）」と呼んでいる。

メンターとメンティーの関係は，管理者と部下のように組織における直接的なものではなく，インフォーマルな人間関係における理解者であり支援者でもある。組織的な教育研修と同等かそれ以上の人間的な成長が導かれることも珍しくないのである。メンターは職務上のつながりのない他の職場の数段階上の上位者が担当し，成長しひとり立ちするまでの数年間，何回か個別に面談することによって進められる。直属上司には相談しにくいことも相談できるし，少し離れたところから温かく見守ってくれる人がいることによって，何かと安心感が得られるものである。メンティーの感想としては，『壁を乗り越えるコツをそっと教えてくれた』，『将来の不安に悩み転職を考えていたが思いとどまることができた』，などが寄せられる。制度の有無にかかわらず，成功者と言われる人にはそうしたメンターの存在が確認される場合が多いことが知られている。

メンタリングは，大きくはつぎの2つの機能で説明される（Kram, 1985）。一つは，昇進や希望する異動などを関係者に根回ししたり，そのために必要な訓練を促すなどのキャリア支援的機能である。他の一つは，人格全体を受容，理解しつつ親和的な人間関係を築いて，相談に乗ったり模範を示したりするなどの心理・社会的な機能である。

② コーチング

「コーチング（coaching）」は，個別の人間関係をもとに，具体的，現実的な課題目標を設定して，解決を促すスキルや解決の過程のことである。近年広く

表9-4 目標管理・メンタリング・コーチング・カウンセリングの対照

	目標管理	メンタリング	コーチング	カウンセリング
提供者 受益者	管理者 部下	メンター メンティー (プロテジェ)	コーチ コーチー	カウンセラー カウンセリー (クライアント)
目的	業務の遂行	生活・仕事上 全般の後見	目標の設定と 目標達成の支援	問題解決の支援
アプローチの 方法	一般的 日常的	一般的 支援的	専門的 協働的	専門的 支援的
提供者-受益者 の関係	組織上の関係	期日を定めない 人間関係	特定期間の 契約関係	特定の時限的な 契約関係

知られるところとなり，一般書でも概要を知ることができる（本間・松瀬, 2006）。メンタリングと異なり，職務遂行上の課題の発見，開発目標の設定，課題解決の一連の過程がプログラムされる。つまり，現実の職務を通じた課題解決の訓練である。ちなみにコーチングする人は「コーチ（coach）」，される対象者は「コーチー（coachee）」と呼ばれる。

コーチにはコーチーとの信頼関係を構築すべきことがとくに強調され，コーチーの持ち味を理解し，それに合わせて目標の設定，課題解決の方法を見つけ出させる。そこでは知識やスキルを教え込むのではなく，可能性や能力，意欲を引き出すアプローチがとられる。

コーチ役は，米国では専門家に委託されることが多いが，専門職として組織内に育成されたり現場の管理者がその役割を担うこともある。管理者に委ねられる場合は研修が行われ，コーチーをサポートしていくための傾聴のスキル，質問のスキル，承認のスキルなどが訓練される。

以上からわかるように，コーチングの過程やスキルは，前述の目標管理やメンタリングにも必要とされるものである。目標管理やメンタリングが人事制度として展開されるのに対して，コーチングはそれらの展開においても必要となる部下と信頼関係を構築するスキルや能力開発プロセスなのである。

以上のアプローチは，スタッフ部門によるキャリア・カウンセリングと合わせて表9-4のように対照させることができる。開発のいきさつや展開は異なるが，いずれも人材マネジメントの機軸を『管理』から『支援』に転換して，個人のキャリア発達を支えていく展開と言えよう。

4節 キャリア自律支援のマネジメント

ここまで教育研修,目標管理,メンタリングなど自律的なキャリア発達を促す人材マネジメントの方略を見てきたが,本節ではそれを支える人事制度を紹介し,キャリア発達支援のアプローチを俯瞰しておきたい。一つの制度や施策のみでなく,長期的,かつ多角的に展開されている。

1) キャリア自律支援の人事制度

キャリア自律の直接的な支援を目的とした主な人事制度として,「自己申告制度」,「社内公募制度」,「FA制度」をあげることができる。いずれも,キャリア選択に関する個人の意思を確認し,直接的に異動に反映させる制度である(図9-5)。

① 自己申告制度

自己申告制度は,職務の現状を経営に報告すると同時に,個人的な事情や将来のキャリアに関する希望を申告する制度である。これにより,個人的な事情や意思が埋もれて不満のうっ積や意欲の喪失につながることを防ごうとするものである。管理者と部下の日常的な関係のなかで吸収可能なことがらであるが,それを補う安全策の意味がある。

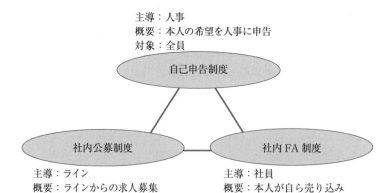

図9-5 キャリア自律支援の人事制度
(日本経団連出版編,2004,p.15より作成)

② 社内公募制度

社内公募制度は，職場で必要な人材が不足した場合，組織内で人材を調達する施策である。人材の流動化を促し，組織を活性化させることも狙いとなる。自己申告が希望を聴取して配慮するに留まるのに対して，主体的なチャレンジに期待するもので，自律的なキャリア形成を促すことが目的となる。

③ FA 制度

FA：Free Agent 制度は，さらに直接的に自律的なキャリア形成を支援する方策で，プロ野球選手と同じように，異動したい職務や職場を所属長を経由せずに申告することができる仕組みである。異動希望の申告に対して，受け入れ側の職場の承認が得られれば，現職場は事情いかんにかかわらず拒否できないルールにされることが多い。これによって，自分の意思が組織の事情よりも優先されることになり，自主的なキャリア選択が実現される。もちろん，一定期間以上の現職経験をした有資格者に限定されるのが一般的であるし，異動時期は通常，組織事情を勘案して調整される。

これらの制度は，自律的なキャリア形成を実現させ，働く個人の不満がうっ積しないようにするとともに，組織の流動性を保ち活性化させる効果が期待されている。安直な異動希望により深められるべき専門性がないがしろにされるおそれもあり，慎重な検討を促すメンタリングやカウンセリングなどの支援との連動も必要となる。

これらの人事制度はいずれかを選択するというものではなく，相互に関連を持たせながら，自律的なキャリア発達の支援を実現させるように設計される。とくに社内公募制度とFA制度は対にして展開されることが多い。

2) キャリア自律支援に対する多角的・長期的アプローチ

ここまで人材マネジメントにおけるキャリア研修，多面観察評価ツール，目標管理，メンタリング，コーチング，関連する人事制度を概観してきた。アプローチは異なるが，いずれもキャリア自律支援を狙いとした施策である。つまりキャリア自律支援は，一つの施策を意味するのではなく，人材マネジメントにおける理念や人間観をあらわすものである。次章のキャリア・カウンセリングもまた同様で，それぞれの施策は，その背景にある理念や人間観によって展開が変わり，その効果も変わってくる。しっかりした理念にもとづき，施策を

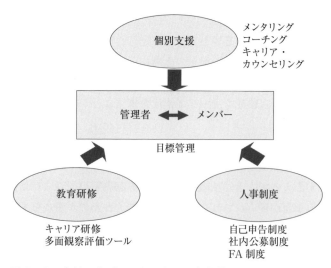

図9-6　人材マネジメントにおける多角的なキャリア自律支援

組み合わせて多角的にかつ長期的に取り組むことによって相乗効果がもたらされるものと言えよう。

　こうしたアプローチの基盤になるのは，職務遂行の単位となっている管理者－部下の人間関係である。それをさまざまな側面から支えているのが，ここにとりあげた代表的な施策なのである。これらの関係は図9-6のように示すことができる。

3）キャリアの自律支援が指向される背景

　これまで見てきたように，人材マネジメントにおいては，キャリア発達がさまざまな形で支えられている。個人の支援に相当のエネルギーがかけられる背景には，組織にも働く個人にもそれぞれの事情がある。それを理解しておくことが個人と組織の関係について考える上で大切になる。

　まず組織の置かれた環境の変化があげられる。技術革新のスピードが速まったことによる変化である。変化スピードが速まったために，技術が陳腐化しやすく，上位者が後進に技術を教えにくくなったし，あらかじめ定めた標準的なキャリア・パスを経験させて人材を育成する方略がそぐわなくなったのである。このような状況に対応するために，組織の階層を減らしてフラットにしたり権

限を下位に委譲したりすることによって，変化への俊敏な対応力を確保しようとしている。働く個人には自ら環境の変化を感じ取り，パワーと創造力を持って行動していくことを期待することになる。そうした機会と権限を提供してチャレンジの機会を提供しつつ，一方ではキャリア自律を支えて後押ししていく必要も出てきたのである。

　つぎに働く個人の側にも，キャリア自律を指向する流れがあることを指摘することができる。組織の目標を一方的に受け容れて邁進する組織人から，働く意味を自問し自己実現を目指そうとする個人への変化である。経済の破綻による雇用不安や成果主義のマネジメントの広がりによってそれが一層促されたように見える。また，社会経済の成熟化，価値の多元化により自らの働き方は自ら選択したいという価値意識の芽生えが感じられる。しかしながら，その道のりは険しいし，働く個人はたくましい個人ばかりではなく，広く支援が必要なのである。

コラム

組織の求心力と遠心力

　組織は，働く個人に自分の意思や気持ちを大切にして自由に働くことを奨励する場合が多い。それがおぼつかない場合は手を貸そうとまでする。一見するとこの方略の延長線上にあるのは，メンバーが組織に無関心になり，組織がわがままな無秩序集団に堕してしまわないであろうか。

　組織の進む方向に関心を持ち，力を合わせてものごとを進めるメンバーがいるからこそ，組織が組織たり得ているはずである。また組織の方針や戦略は，従業員に支持されて初めて効果をもたらすはずである。それにもかかわらず，組織はますます多大なエネルギーを投入してメンバーのわがままを積極的に聞き入れようとしている。仕事の希望を聞き入れたり，男性においても育児休暇をとるように奨励するケースも珍しくなくなっている。組織の遠心力を高めて，組織を拡散させる努力をしているように見える。

　実は，そこには自律の支援が組織への求心力を引き出すダイナミクスが存在しているのである。自律を支援することによって，自己の能力や性格の認識が正され，さらに組織・社会における役割や相対的位置が明確に意識されることになる。メンバーの自律を支援することによって自己認識が確かになり，職場における役割意識がはっきりしてくるのである。

　自由にと言われれば，自分の存在やその社会におけるポジションが気になってくるものである。誰しも根なし草のような存在ではいられないのである。つまり自己同一性，心理社会同一性，すなわちアイデンティティがより強化され，組織を運営する当事者としての意識や組織コミットメントを高めることになるのである。あれをしろ，これをしてはならない，などと統制するよりも，はるかに強いエネルギーとなって組織への貢献が始まるのである。

　ここでは，組織への遠心力と求心力という反対関係にあるように見える両方向がともに極大化される。「管理・統制よりも支援」，「囲い込みより自由」のほうが，組織に柔軟で強い力を与えることになるのである。こうした自律に関する実証研究は，鈴木（2002）；同（2007）に詳しい。

　ここで求められるのは，働く個人には，たくましく意思をもって組織とかかわるパワー，組織には多様な個性を受け入れて最大限の自由と自律を許容する寛容ではある。

10章 キャリア・カウンセリング

　キャリア・カウンセリングは，キャリア発達に関する個別対面的な支援の一つである。前章の目標管理，メンタリング，コーチングも同様に個別対面を主としていたが，キャリア・カウンセリングは，心理学の理論的，技術的な背景が確立されている点で際立っている。また，展開されている範囲が経営組織に留まらず，学校や公の機関など幅広い点も特徴的である。

1節　キャリア・カウンセリングのあらまし

1）キャリア・カウンセリングの関連用語

　まず，基本的な用語について確認しておきたい。カウンセリングをする人は，「カウンセラー（counselor）」，カウンセリングを受ける人は，「カウンセリー（counselee）」，または「クライアント（client）」と呼ばれる。クライアント（患者）という用語は，心理的な病の治療場面で用いられる用語の援用であり，後述するようにキャリア・カウンセリングは治療とは一線を画すものなので，本書はカウンセリーの用語を用いることにする。

　つぎに，主題である「キャリア・カウンセリング（career counseling）」という用語である。キャリアは，これまで触れてきたように職業生活，あるいは職業人生のことであるから，キャリア発達上の課題が焦点になるということである。もう一方の「カウンセリング（counseling）」の用語が問題である。個別の面接によって進められるものであるが，単に個人的な相談と置き換えられるものではなく，カタカナのまま捉えておかねばならない。カウンセリングは，心理学の専門的な知識や技術を用いて，カウンセリーの問題解決を特別の契約的な関係によって展開されるのに対して，「相談」は問題解決の支援には違いないが，誰がどのようなスキルをもって臨んでも良く，また特定の契約関係は

なく日常的な人間関係によって展開される。つまりカウンセリングは相談とは異なり、一つの学問領域として確立されている心理学的な専門知識と技術なのである。

　キャリア・カウンセリングの類語として「キャリア・ガイダンス」の用語があるが、主に進路指導や学校教育におけるキャリア教育全体の体系を示すことが多い。また、「キャリア・コンサルティング」の用語は、厚生労働省の雇用促進政策の流れから用いられるようになり、職業情報の提供や職業能力開発の支援を強調する場合に用いられることが多い。しかし、キャリア発達の課題は、情緒的な問題であることが多いし、課題解決の支援という意味では、いずれの用語も同様で、実態を区別することは困難である。また、組織ではカウンセリングの用語が、心理的な病の治療のイメージを持たれやすいことから、「キャリア・アドバイス」、「キャリア・アドバイザー」の用語が用いられることもある。

　これらの用語は、カウンセラーがどのような理念やスキルで展開するかによって用語が使い分けられているようである。微妙なニュアンスによって専門家それぞれの信条やこだわりをもって用いられている一面もあり、用法は混乱気味で注意を要する。

2) キャリア・カウンセリングとは

　「キャリア・カウンセリング（career counseling）」は、文字どおり考えれば、キャリア発達にかかわるカウンセリングということである。キャリア発達といっても対象になる問題の範囲は広く、本書では人材マネジメントにおける人間関係や仕事の壁、個人生活とのバランスなどをおもに取り上げているが、このほか、学校教育における進路に関するキャリア教育、進学・就職のガイダンス、ハローワークなど公的な機関における職業相談や職業斡旋も含まれる。

　もう一方のカウンセリングは、キャリア以外にもテーマにされる場合もあり、幅が広く、また専門性が高く理解が難しい。あらましを捉えておくために、まず、カウンセリングの目的について整理してみよう。日本カウンセリング学会のカウンセリングの定義からは3点にまとめられる。すなわち、①問題の解決支援、②問題の予防支援、③人間的成長の支援である（図10-1）。

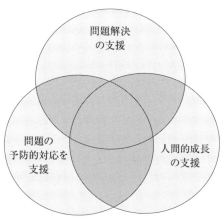

図 10-1　カウンセリングの目的

① 問題の解決支援

問題解決の支援は，キャリア発達における不安，自信喪失，葛藤，不決断，さらには家庭との関係，職場の人間関係などの問題にぶつかった際にそれを解決するのを支援するもので，いわゆる障害に直面した際の駆け込み寺的な役割である。

② 問題の予防支援

予防的な対応は，就職や転職などの大きな課題が予定されているのに対して事前の準備を支援するものである。学生における就職活動の指導はこれに相当する。

③ 人間的成長の支援

人間的成長の支援は，それまでの経験やキャリアに関する考え方を振り返らせ，ものの考え方，行動，感情などの点から人間的成長を援助する。充実したキャリアを実現させ，来たるべきトランジションに備えておく意味がある。つまりキャリア選択の一時点の支援ではなく生涯にわたる発達を視野に入れた支援である。

以上，3点に整理できるが，ここで，心理的な病気の治療，すなわちサイコセラピー（心理療法）とは，隣接技術ではあるが別物である点に注意が必要である。

さらに，定義からカウンセリングの特徴的な内容を整理しておこう。渡辺

(2002)は，定義について歴史的に展開されてきている多くの議論を整理し，米国におけるつぎの定義をなじみやすいものとしてあげている。やや長文で難しいが引用しておく。

「カウンセリングとは，心理学的な専門的援助過程である。そして，それは，大部分が言語を通して行われる過程であり，その過程の中で，カウンセリングの専門家であるカウンセラーと，何らかの問題を解決すべく援助を求めているクライアントがダイナミックに相互作用し，カウンセラーはさまざまな援助行動を通して，自分の行動に責任を持つクライアントが自己理解を深め，『よい（積極的・建設的）』意思決定という形で行動がとれるようになるのを援助する」(Herr & Cramer, 1988／渡辺訳, 2002)。

この定義からカウンセリングの内容を理解するためのポイントを拾うと，「心理学にもとづく専門的援助」，「言語を通したカウンセラー－カウンセリーの相互作用」，「カウンセリー自らの積極的・建設的な意思決定を支援」などが抽出できる。心理学の専門的援助，ダイナミックな相互作用などからは，カウンセラー－カウンセリー間の信頼関係が重要な基盤となることが想像される。具体的に，イメージすることが難しいかもしれないが，もう少し読み進めてから，この項を再度，読み直すと理解が進むであろう。

3) キャリア・カウンセリングの必要性

では，人材マネジメントにおいてなぜこのようなキャリア・カウンセリングが必要となったのであろうか。前述のキャリア自律指向の高まりの背景と重なる面もあるが，本格化したのは1990年代後半以降で，つぎの4点の背景をあげることができる。

第1に，雇用環境が厳しくなり不安が高まっていることである。相次いで経営破たんが表面化し，雇用の保障が損なわれ社会不安が高まった。事業や企業の統廃合も日常的に起こっていることも働く環境を不安定にさせている。こうした不安の高まりの中で，アイデンティティが揺らぎがちになるのである。

第2に，技術革新や経営環境の変化が速まったことに対応するために，仕事の負荷が高まっていることがあげられる。一人当たりの負荷が高まったのはマネジャー層も同様で，とりわけ組織のフラット化やプロジェクト化が進んだことにより，部下に対するきめ細かいケアが難しくなっているのである。つまり，

問題が職場内で解決することが難しくなり，ケアをする機能を職場とは別に確保する必要が生まれたのである。メンタリングやコーチングのニーズの高まりも同様の文脈で理解できる。

第3に，成果主義のマネジメントが進み，時間にかまわず仕事に邁進してしまう働き方になりやすい状況があげられる。成果を競うあまり，働き過ぎたり緊張やストレスが高まったりするなど，支援が必要な場面が目立っている。

第4に，内面の課題として，働き方の多様化が進んでその選択の自由度が悩みや緊張を生じやすくさせたことがあげられる。とりわけ女性は，第2章で見たように，キャリアの選択肢が増えて葛藤に陥ったり突然のキャリア選択が迫られることが多い。一般的にもマネジャーへの昇進のほか，専門職としての活躍，大学院への進学など，多様な選択が可能となっている。自由度が高まることによって選択の緊張が高まることも少なくないのである。

以上のような背景にあって障害に突き当たったり，不調に陥ったりする場合も多くなり，キャリア・カウンセリングに期待が寄せられるのである。

2節　キャリア・カウンセリングの理論と展開

カウンセリングは心理学を背景にした専門的な活動ということであった。その専門性は知識やスキルであると同時に，課題やカウンセリーに対する姿勢のあり方であり，その修得は机上で学ぶだけでなく，時間をかけた実践的訓練が必要となる。また，その専門性の根拠となっていることがらは，カウンセラーを志さない場合も，キャリアや人材マネジメントを学ぶ上では理解しておくべきものである。

1)　キャリア・カウンセリングの理論

キャリア・カウンセリングという用語は，米国でも古くから使われていたわけではなく，1960年代から70年代ころからと言われる。それ以前は「職業カウンセリング（vocational counseling）」で，その変化は，用語のみならず基本的な考え方の転換を意味している。すなわち，焦点が，個人の特性と職業要件とのマッチングから，人の職業選択行動のあり方に転換されたのである（渡辺・ハー，2001）。この変化によってキャリア発達の理論的な研究が促され，

カウンセリングを充実させた。キャリア選択の意思決定支援に留まらず，自律的なキャリア発達を支える活動になったのである。

このように，キャリア・カウンセリングは，キャリアの自己管理，自己決定の姿勢とスキルの獲得など自律的なキャリア発達を支援するもので，まずはキャリア発達をどのように捉えるか，すなわちキャリア発達論の理解が重要になる。そのキャリア発達論は，さまざまな角度から展開されていることは，第4章で詳述したとおりである。

パーソンズの個人−職業適合論が原点となってカウンセリングが始まり，スーパーがキャリア発達の視点を取り入れて，キャリア発達の考え方が浸透していった。そして，個人と環境との相互作用を強調するキャリアアンカー，職業的パーソナリティ，意思決定過程としての職業選択，自己効力の概念を基礎にした社会学習理論，などがあった（第4章）。また第3章：キャリア・トランジション，第5章：キャリア・ストレス，第6章：組織社会化，ワークライフ・バランス，第7章：ワーク・モチベーション，第8章：リーダーシップなども関連の深い知見である。これらのキャリア発達にかかわる諸理論は，カウンセラーがカウンセリーの抱える問題を理解するための枠組みで，カウンセリングを支えている。

2) カウンセラーの基本的な姿勢

カウンセリングはカウンセラーとカウンセリーの対面による人間関係とやり取りによって前述の目的を実現させるプロセスである。したがってカウンセラーのカウンセリーに対する姿勢は，カウンセリングの質にとって決定的な意味を持っている。カウンセリーは通常，何らかの問題に突き当たり，解決を図りたいと思って来談するが，その問題は多様であるし，整理して分かりやすく話してくれるわけではない。しかもパーソナリティや指向などは，カウンセラーにとって必ずしも好感が持てる場合ばかりではない。その上，カウンセリーは自らの課題を解決できるかどうか半信半疑で臨むことが多い。そうした状態から，問題をひも解くために必要なのは，置かれた状況や自分の気持ちを話すのに抵抗を感じさせないカウンセラーの姿勢，態度が鍵となる。カウンセリーとの「温かく，信頼に満ちた人間関係」を作ることが最大の課題である。

カウンセラーのあるべき基本的な姿勢は，多くの研究者によって解説されて

いる（宮城，2002；渡辺，2002；木村，2006など）。渡辺（2002）では，ロジャースの「非指示的カウンセリング」あるいは「クライアント中心主義」と呼ばれるアプローチを参照しつつ，①受容，②理解的態度，③誠実な態度（自己一致）の3点がつぎのとおり指摘されている。

① 受容

　受容とは，カウンセリーのものの見方，感じ方などの個性をありのままに認める寛大さである。カウンセリーに対する温情や感傷ではなく，もちろん社交的な親和的態度でもない。個性をあるがままに受容し心から尊敬する姿勢である。この姿勢が，単にカウンセラーの姿勢に留まるのではなく，それがカウンセリーに伝わっていなければならない。カウンセリーが，自分の存在や価値をカウンセラーに確かに認められていると感じている必要がある。ロジャースが「無条件の積極的関心」という用語を用いて説明している姿勢である。

② 理解的態度

　誰しも他人が感じていること，考えていることを完全に理解することは不可能であろう。なぜならその人になりきることはできないからである。むしろ，相手のことを完全に理解し得たと思うことのほうが不遜なことかもしれない。しかし，他人のことを理解しようと努力することはできる。理解的態度とは，あたかもカウンセリーになったかのように，話される内容を感じようと努める態度のことである。ただし，そうした態度がカウンセリーに認められなければならない。カウンセラーが『○○と感じていらっしゃるわけですね』などと聴くことによって，理解しようとする姿勢を示し，理解したことを伝えることができる。カウンセリーは，カウンセラーに理解されたと感じて初めて話を前に進めたくなるものであるからである。ロジャースの「共感」と呼ぶ姿勢のことである。

③ 誠実な態度（自己一致）

　カウンセラーにとって誠実な態度とは，カウンセリングの中で感じていること，すなわち自分の中で起きていることに対峙することである。自分が感じていることから目をそらさず，また表面的に取り繕うことなく，それを事実として受け容れ，誠実に対処していくということである。それにはまず，自分の状態に気づくということで，その気づいた事実を受けて誠実に対応するということである。感じていることとその場の対応が一致していることがカウンセリー

に影響を与える上で重要なのである。

　たとえば，カウンセリーの話が自分には理解を超えると感じた場合，『そのように感じるべきではない』などと抑え込むのではなく，『理解を超えた話で，混乱している』自分を受け止めて，限界への対処をしたり，必要と思われれば，混乱していることを適切にカウンセリーに伝える必要もあろう。もちろん，感じたこと，考えたことをすべてオープンにすべきということではなく，あくまでも効果的な人間関係を作ることが目指されねばならない。オープンにすることで，マイナスの影響があるように感じた場合は，そのマイナスの影響が予想された事実にも誠実でなければならない。したがってその場面ではマイナスの影響に配慮した対応になるはずである。こうした態度をロジャースは「自己一致」と表現している。

　以上の3点はいずれも複雑，微妙で理解が難しいし，実践はさらに難しい。一般にも理解しやすく解説した書籍もあるので参照してほしい（佐々木，2005）。

3）　カウンセリングの基本的なスキル

　カウンセリングは，おもに言語を用いて展開されるので，カウンセラーには言語的なコミュニケーションのスキルが必要となる。カウンセリーの一言一句を集中して聴き，表情などを観察することによって，意図や感情を理解するとともに，提供すべき情報を提供し，伝えるべきことを伝えるスキルである。このスキルは，机上で修得できるものではなく，実践的な訓練を通じて身につけるものである。おもなスキルについてつぎに整理しておく。

　まず，中核にあるスキルは，「傾聴（active listening）」で，カウンセリーの伝えたいことをしっかりと聴き，受け止めるスキルである。つまり，よい聴き手であることである。聴き手といっても，単に話の内容だけでなく，同時に発せられる喜怒哀楽の感情を受け止める姿勢が求められる。また，判断の基準となる価値意識や思考の過程，ああしたい，こうしたいなどの意思や気持ちの動きも受け止めなければならない。そのために，適切な質問をする，カウンセリーの言葉を言い換えたり要約したりする，言いたいことや感情を整理して示す，などのスキルが必要となる。

　つぎに，言語以外の表現を観察し理解するスキルがあげられる。観察するカ

ウンセリーの伝えたいことは，話の内容にはあらわれなかったり，話されている内容が伝えたいことでない場合もある。また，言語でなく，抑揚，表情，姿勢，ジェスチャーなどによって表現されることもある。ときには沈黙が重要な意思のあらわれであることもある。これは日常のコミュニケーションでも同様で，言語以外の手段で表現されるものも少なくない。つまり，カウンセラーは，言語以外の表現を見逃さないように集中して観察し，カウンセリーが伝えたいことを把握することが求められる。

さらにカウンセラーに求められる基本的なスキルとして，カウンセリングのプロセスを取り仕切る能力がある（渡辺・ハー，2001）。カウンセリングは一定の時間と方法によって展開されるもので，一人のカウンセリーに無制限にかかわることができるものではない。カウンセリーに対して，カウンセリングの到達点や限界を説明し，カウンセラーのカウンセリングに対する方針や考えを理解させることである。面接予定時間をあらかじめ告げて了解を得ることなどはその一端である。

このほかのスキルとして，座り方と姿勢，視線（アイコンタクト），うなずく・あいづちを打つ，質問をする，対決的な指摘をする（コンフロンテーション），助言・指導・情報提供・指示する，などもあげられる（宮城，2002）。カウンセラーがカウンセリーの言葉や動きに集中するのと同様に，カウンセリーも同様にカウンセラーの微妙な動きに影響を受けることに注意すべきなのである。

以上のスキルは，前項の基本的姿勢と別の内容ではなく，基本的な姿勢を効果的にするための例やヒントのようなものである。これらのスキルのみを訓練の対象とすることは適当ではなく，カウンセラーの人間観やカウンセリーに対する基本的な構えなどの裏づけが重要であることを認識しておかねばならない。

4) キャリア・カウンセリングのプロセス

カウンセリングの展開は個別的で，ケースにより異なるが，大筋では一般的なモデルを示すことができる。カウンセリーがカウンセラーとのやり取りを通じて，自らの課題を掘り下げて理解し，解決の糸口を見出したり，具体的な解決の見通しを持つプロセスであり，カウンセラーがそれを促し支援するプロセスである。必要な情報やアドバイスが求められる場合もあるが，カウンセリー

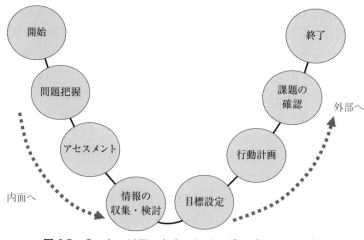

図 10-2　キャリア・カウンセリングのプロセスモデル
（渡辺, 2002, p. 135 より作成）

の自己語りとそれを促すことこそが重要な解決の糸口になることが多い。

　カウンセリーの内面はつぎのようなプロセスであらわすことができる（図10-2）。

① 開始

　最初にあいさつなど言葉を交わす。ここではカウンセリーにはカウンセラーを信頼できるかどうかの心証が形成される。この最初の信頼関係を作り上げる段階は，心のベルトをかけるなどと説明され，「ラポール」と術語で呼ばれる。

② 問題把握

　カウンセリーの置かれた背景や課題について確認される。どのような趣旨で来談したかが話され，最初の段階としての問題の所在を確認する。カウンセリングに先立って，書式で簡単な状況について申告を求めたり，予備的な事前面談で確認されたりする。

③ アセスメント

　カウンセリーは，問題に対する上で，自分自身の特性を問題と対比させながら理解していく。そこでは，次章で触れるような，適性検査やワークシートなどが用いられることもある。この過程を通じて，カウンセラーもカウンセリーのことを理解する情報を得ることになる。

④　問題の検討と絞り込み

　問題について話が進むうちに，新たな問題に気づいたり問題の焦点が変わってきたりするなど，自己認識を深めていく。自己理解と問題とを照らし合わせると，葛藤や抵抗を感じることになる。問題の原因や真の問題と向き合う覚悟をする場面となる。

⑤　目標の設定

　現実と折り合いをつけつつ，具体的な課題解決行動を起こすための目標を特定する。いくつかの選択肢の中からの選択になることになり，葛藤を乗り越えなければならない場面もある。カウンセラーからは，意思決定に必要な情報や情報源の手がかりが提供される。

⑥　行動計画

　設定された目標に到達するためのステップを検討しつつ，いつまでにどのような行動を起こし，どのような状態を作り出すかの計画を作成する。つまり，目標，期限，方法，達成の基準を改めて整理して認識し，努力すれば実現できそうな予感と期待を作り出す過程である。この段階でも必要な情報やヒントなどが提供される場合もある。

⑦　課題の確認

　計画を実行に移すためにはどのような課題があるかを確認し，それを克服する見通しを得る。ときには行動計画を調整，変更することも必要になる。

⑧　終了

　それまでのカウンセリングの展開を振り返り，問題と解決に向けた具体的な行動の見通しについて整理し，解決策への道筋を再確認する。その上で，今後のカウンセリング日時の打合せ，あるいは終結の確認をする。

　こうしたプロセスは，カウンセリーが自分と対峙して問題を掘り下げて考え，進むべき方向を自分なりに勇気を持って選択し，行動の見通しを得る過程である。開始から順次ステップを踏んで自分の内面を掘り下げて，自分自身を方向づけていくことになる。後半では具体的な課題や計画について検討することになり，自分の外部に目を移し，具体的な行動の見通しと期待を持って終了することになる。このプロセスは，1回で完結する場合もあるし，複数回にわたる場合もある。

3節　キャリア・カウンセラーの役割と資格

　ここまで，キャリア・カウンセリングにおける個別の面談場面を見てきたが，キャリア・カウンセラーの役割は，面談のみではなく，もう少し範囲が広い。本節ではキャリア・カウンセラーの幅広い役割，およびそこで求められることや，資格について整理しておこう。

1) キャリア・カウンセラーの役割

　キャリア・カウンセラーは，さまざまな領域の職場で働いている。学校における進路指導担当，ハローワークなどの職業斡旋の窓口，組織における人材マネジメントの一環としての担当，人事支援サービス事業の専門家としてのカウンセラーなど，多方面にわたる。人材マネジメントでは，カウンセラーを組織内部に養成する場合，外部から招聘する場合，外部の機関と提携する場合がある。それぞれの特徴があり，人材マネジメントの方針に従って選択される。

　いずれの場合も，カウンセリーが来談するのを待ち，カウンセリングをこなすだけが責務ではなく，カウンセリングの効果が得られるように，関係者との連携や協働が試みられる。カウンセリングそのものは目的ではなく，一つの手段，方法であり，上位に目的が存在するからである。人材マネジメントが上位の目的であり，カウンセリングが一つの手段になっている。

　組織におけるカウンセラーの場合を見てみよう。カウンセリングの体制は，独立的に設けられるのではなく，人材マネジメント全体から戦略的に位置づけられることが多い。そして従業員のキャリア発達を支援する教育研修，人事制度などと組み合わせることによって人材マネジメントを推進させる。キャリア研修のフォローアップとして，受講後にカウンセリングを受けるようにプログラムされたり，社内公募制度・FA制度を効果的に運用するためのシステムと位置づけられたりするなど，キャリア・カウンセリング，教育研修，人事制度が，三位一体的に仕組まれることが多い（図10-3）。

　また，カウンセリングを進めるうちにメンタルな問題で治療的な対応が必要と思われる場面もある。その場合は産業医などを紹介するなど連携する必要がある。逆に他の専門家から紹介される場合もあろう。つまり，他の専門家との

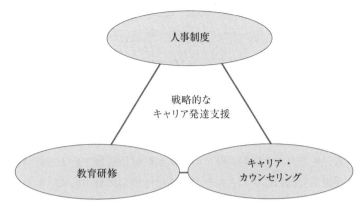

図 10-3 戦略的なキャリア発達支援におけるキャリア・カウンセリング

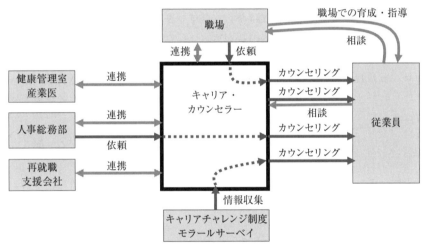

図 10-4 キャリア・カウンセリングの体制例
（日本経団連出版，2006，p. 49 より作成）

連携も重要な役割なのである。ちなみに，こうした他の専門家に紹介し委ねることは「リファー（refer）」という術語で呼ばれている。

　さらにカウンセリングの経験を通じて，職場のマネジメントや経営政策的な課題に気づく場合がある。職場環境を健全に保つことも組織におけるカウンセラーに期待される役割で，職場のマネジャーに対する問題点の指摘や教育研修

を企画,さらに経営に対しては状況報告や施策に関する意見が求められることもある。役割が明示されないこともあるが,これらの問題意識を持って関係者に積極的に働きかけることが必要になる。

このように,組織におけるカウンセラーは,カウンセリングの場面のみでなく,幅広い役割を担い,人事部門,職場の管理者,組織内外の専門部署などとの連携のもとに活動をする。図10-4は,カウンセラーをとりまく関係者との連携の例である。組織全体を見渡しながら関係者との連携のもとに戦略的な活動をすることをとくに,「オーガニゼーショナル・カウンセリング」と呼ぶこともある(渡辺,2006)。

2) キャリア・カウンセラーに求められる能力

以上のようにカウンセラーの役割を広く捉えると,カウンセラーに求められる能力も幅広い領域に及ぶことになる。キャリア・カウンセラーの養成講座の一つであるキャリアカウンセリング協会(GCDF: Global Career Development Facilitator)では,以下の12の能力を掲げている。本書の文脈に合わせると,つぎのように説明できる。カウンセラーに求められる能力は,カウンセリーと接すること以外にも多様な活動があり,多くの能力が必要とされることが理解できる。

① キャリア発達に関する理論
　本書の主に4章で触れたキャリア発達に関する理論を理解していること。
② ヘルピングのスキル
　カウンセリーとの対面的なやりとりにおける支援スキルのことで,この機関ではヘルピングと呼んでいる。
③ キャリア・アセスメント
　能力,性格,適性,指向などの現状を主にカウンセリー自身が把握するための支援をするスキル。
④ 法律とカウンセラーとしての倫理
　キャリアにかかわる法律について理解しておくとともに,カウンセリングを進める上での健全な倫理観を保持していること。
⑤ 特別なニーズを持つ人々との協働
　ジェンダーやキャリアサイクルにおける特定のニーズ,障害者など特別な支

援のニーズなどを理解していること。
⑥　労働市場情報・キャリア情報とその情報源
　環境としての労働市場の情報や労働市場を知るための情報源の所在を把握していること。
⑦　情報検索の技術
　労働市場について情報収集をするためには，インターネットなどを駆使するスキルが必要となる。ITテクノロジーにある程度習熟していることが求められる。
⑧　就職・転職活動のハウツー
　職を得るためには，情報の検索，応募，選考などの過程を経る。就職先の探し方，履歴書など書類の書き方，筆記試験や面接選考の受け方など，一連の過程を如才なくこなすためのハウツーを保持し，支援するスキル。
⑨　カウンセリーや同僚カウンセラーの研修プログラムの開発，運営
　キャリア研修のプログラムを企画し，運営するスキル。カウンセリーを対象にしたプログラムのみでなく，同僚のカウンセラーを対象にした研鑽を目的にした研修も含まれる。
⑩　キャリア発達支援の研修プログラムの開発，運営
　いわゆるキャリア研修のプログラムを対象者のニーズに合わせて他の専門家との協働によって開発，運営するスキル。
⑪　キャリア・カウンセリング活動の広報，促進
　キャリア・カウンセリングの活動を継続的に発展させるためには，関係者だけでなく一般の理解が不可欠である。活動を進めるだけでなく，その成果を広く発表，広報することが求められる。
⑫　カウンセラーとしての活動について指導を仰ぐ
　カウンセリーとのかかわりを通じて，さまざまな不安や懸念が生じることがある。ケースの記録などにもとづいて，同僚や熟練度の高いカウンセラーに指導を仰ぐ必要がある。

3) キャリア・カウンセラーの資格
　キャリア・カウンセリングは，心理学をベースとした専門的な技術であることは，ここまでで理解できたのではなかろうか。しかし，キャリア・カウンセ

ラーの資格は，医師や弁護士のように，国家により認定されなければ仕事をすることができない性質のものではない。つまり特定の資格を保持しなくても，キャリア・カウンセリングのサービスを提供することができるのである。情報処理技術者の資格やビジネスキャリア技能検定と同様の性質のものである。

しかし，専門的な知識，スキルが必要であることも確かで，経験的な蓄積に拠るだけでなく，訓練プログラムが開発され資格認定の体制も作られている。厚生労働省が管轄して，キャリア・カウンセラーを養成，あるいは資格を認定する団体を認定，指導する形がとられている。さらに上級で実務に必要な実践的な技能を保持しているかの検定制度も設けられ，スキル向上を促す仕組みとなっている。

コラム

キャリア物語の話し手と聴き手

　キャリアにかかわる自分の過去のできごとや将来の希望などを他者に話すことは，楽しいものである。話すということは，ものごとを自分なりに整理したり意味づけたりすることでもあり，自分の存在を改めて確認することができるからであろうか。

　聴き手が存在しない独り言は別として，話すということは聴き手の反応を察知しながら自己を定義し直しているようなものなのである。したがって，聴き手の存在も大きい。話しつつ聴き手の反応をうかがうことによって，その経験における自己が強化される。「話をしているうちに自分が〇〇〇を大切に考えてきたことに改めて気がついた」，などの述懐はそうした効果である。極端に言えば，聴き手に合わせて話を作る一面も否定できない。話を作るというとうそをつくようで語弊があるとしても，話の意味を聴き手によって方向づけられることは少なくないはずである。

　すなわち「自己物語り」を語り，聴き手に聴いてもらうことによって，アイデンティティが方向づけられる性質があるということである。本書で見てきたように，そのアイデンティティの時系列の推移こそが，キャリアであることを考えれば，キャリアは聴き手である他者によって形成されると言ってもあながち間違いではないのかもしれない。

　キャリア・カウンセリングやキャリア研修などで行われる相互インタビュー，グループ討議などは，この「自己物語り」の効果を利用したアイデンティティ確立支援という一面がある。

キャリア・アセスメント

　アセスメントは，能力，性格などの個人の特徴を把握するプロセスで，対象者や利用場面に応じてツールやその利用法が工夫されている。人材マネジメントにおいては，採用選考，配置，昇格選考などにおいて処遇を決めるためにアセスメントされるが，キャリア研修やキャリア・カウンセリングなどキャリア発達支援においても必須のプロセスである。本章ではキャリア発達支援にかかわるアセスメントの理論を整理するとともに，具体的なツールや展開法について紹介する。

1節　キャリア・アセスメントとは

1）アセスメントの目的

　トランジションにおいて，キャリアを振り返り新たな道を選択する場合，欠かせない一つの視点は自分自身の特徴について改めて考えてみることであろう。自分の個性をどのように捉えるかで，キャリアに関する意思決定が方向づけられるからである。しかしながら，自分自身については，分かっているようで分かっていない側面があったり，誤った認識をしている場合もある。ここにアセスメントによって，自己理解を支援するニーズがある。

　アイデンティティが未確立の若年層においてこのニーズが強いが，成人層以降においても必要になる場面が少なくない。人材マネジメントの一環として，キャリア研修やキャリア・カウンセリングにおいて，自己アセスメントが目的の一つになることがあるほどである。また，職場のマネジャーは部下を的確に把握する必要があるし，キャリア・カウンセリングでも，カウンセラーがカウンセリーの人間理解を深めることが必要になる。

　このようにアセスメントは，本人，あるいは関係者が対象とする個性などを

把握するプロセスのことで，働く個人がキャリアを考えるとき必要になるとともに，それを支援する側にとっても必要な情報となる。

2) アセスメントの方法

アセスメントの方法には，実施，採点などの手続きが標準化された適性検査などのツールを用いる場合と，標準化されず，カウンセラーなどの指導によって展開する小課題ワークを用いる場合がある。

標準化されたツールは，測定の対象とする個性の側面をきっちりと定義し，それにもとづいて質問項目が開発され，心理測定の技術によって回答結果の統計的な解析が施される。また，その適用法も通常，展開プログラムが考案されており，一定の効果を期待することができる。したがって，その品質は心理測定技術の基準で評価，検討することができ，後述の適性検査や第8章で紹介した多面観察評価ツールにはこの技術が適用される。

それに対して標準化されていない方法では，準備されるツールの形式が実施者によって考案されることが多く，適用手順も通常，実施者に委ねられる。したがって，その効果は実施者の展開スキルによって左右されることになる。しかしながら，所要時間が短い場合が多く，自由度が高く，教育プログラムやカウンセリングなどの場面で柔軟に適用することができる。

ちなみに，標準化された方法は，形式が整っていることからフォーマル・アセスメント，標準化されていない方法は，インフォーマル・アセスメントと呼ばれることもある。

2節　個性を捉える枠組み

アセスメントの対象になるのは個性であるが，背の高さや顔立ちとは異なり，目に見えるものではない。その存在を想像することはさほど難しいことではないが，こうした実体のない個性を数値化するなどで見える化するのがアセスメントの目標になるわけである。まずはアプローチの方法にかかわらず，個性の概念をどのように捉えるかをしっかり定めておかねばならない。

1) 能力の捉え方
① 心理学にもとづく知的能力の概念

　個性の代表的な側面に,「能力」や「スキル」の概念がある。心理学の研究では,「知能」の概念がもっとも古く, 1900 年代初頭のことである。課題領域にかかわらず解決に必要となる一般的な因子と特殊な領域の課題場面のみに求められる特殊な因子に分けて考えるスピアマンの理論である。2つの因子で説明することから2因子論と呼ばれるが, 前者の一般知的能力の存在を立証したことにより, 後世に多大な影響を与えた。

　その後 1930 年代になり, 2因子論に対して並列的な多因子で説明する多因子論がサーストンによって提唱された。さらに 1940 年代になり, 2因子論と多因子論の中間, すなわち一般的知的能力と特殊能力の中間に,「流動性知能」と「結晶性知能」の概念を位置づける考えがキャテルによって提唱されている。流動性知能とは, 計算能力や抽象的なことがらを扱う推理能力などのことで, 結晶性知能とは, 語彙, 読解力など経験とともに蓄積されていく能力のことである。ちなみに流動性知能は成人後衰えやすいが, 結晶性能力は成人後も緩やかながら向上するとされている。

　このように知的能力は, 2因子か多因子かの議論が続けられてきているが, キャロルは知能の因子を階層構造で説明するような理論によって, 両者を統合させるモデルを提唱している（図 11-1）。

② 人材マネジメントにおける実践的能力の概念

　人材マネジメントにおける実践的な能力に関する概念は, 心理学の理論と比べると, おおざっぱで感覚的である。日米に多少の違いが見られるので, それぞれについて整理しておこう。米国においては KSAO という標語で4つの要素があげられている。すなわち, 知識（K：Knowledge）, スキル（S：Skills）, 能力（A：Abilities）, その他（O：Others）で, 組織人に必要とされる能力要素の領域を分析的に示したものである。能力（A）が, 心理学の枠組みの能力と考えると, 組織人の要件を幅広く捉えたものということになる。能力（A）が心理学的な能力の枠組みに相当し, 知識（K）やスキル（S）は, 学習や経験によって習熟することができる要素である。その他（O）は, 後に付加された要素で, KSA 以外の要素で, 性格, 興味, 価値意識などの態度的要素を示している。職業別にこれらの領域の要素が, どのように必要とされるかが, 職

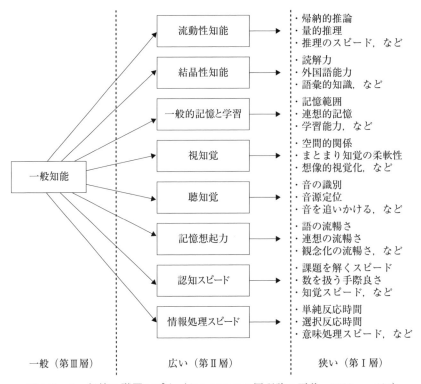

図11-1 知能の階層モデル（キャロルの3層理論：平井，2000, p.197）

業ガイドブックや Web 上で O*NET：The Occupational Information Network として開示されている。

一方，日本における能力の概念は，1970年代に進められた能力主義化の流れで体系立てられている。そこでは，つぎのように定義されている。「能力とは企業における構成員として，企業目的達成のために貢献する職務遂行能力であり，業績として顕現化されなければならない。能力は職務に対応して要求される個別的なものであるが，それは一般的には体力・適性・知識・経験・性格・意欲の要素から成り立つ。それらはいずれも量・質ともに努力，環境により変化する性質をもつ，開発の可能性をもつとともに退歩のおそれも有し，流動的，相対的なものである」（日経連能力主義管理研究会，1969, p.55）。日本では，当初より米国の KSAO の O：Others に相当する態度的な側面も視野

に入れられ，人格全体を包括的に捉える能力観であったことがうかがえる。

2) 性格の捉え方

　性格は，能力と並んで代表的な個性をあらわす概念である。しかし，性格という用語が日常用語として定着しているにもかかわらず，厳密に考えればそれを定義することはやさしくはない。よく紹介される心理学者のオルポートの定義では，「個人の中にあって，その個人の特徴的な行動と考えを決定するところの精神身体的体系の力動的組織」とされている（訳出：鈴木・佐々木，2006）。人材マネジメントにおいては，個人に固有のものの見方，感じ方，行動様式などで，時間や場面を超えて一貫して観察される特性と大枠で捉えておけば，大きな支障はなかろう。

　心理学的には能力よりも少し遅れて研究が進み，当初，20世紀前半，欧州で「類型論」が提唱され，その後米国を中心にして「特性論」へと議論が進んでいった。類型論は性格を質的，総合的にタイプに分類する考え方で，内向タイプ，外向タイプなどと各人の個性を2つのいずれかに分類するのは，その代表例である。これに対する特性論は，個性を複数の側面に分けて量的，分析的にあらわす考え方である。たとえば，社交性，持続性などと側面ごとにその程度を数値で示すアプローチである。類型論が全人格的な診断によるのに対して，特性論では性格適性検査などのツールによって計量され，そのスコアのプロフィールによって人格理解が進められる。

　特性論では，性格適性検査の発展とともに多くの因子が見出されたが，1980年代以降，それら多様な性格特性は大きく5つに集約できそうという考え方が一般化してきている。5つの特性とは，外向性，情緒安定性，親和性，誠実性，開放性で，「ビッグ・ファイブ」と通称され，世界的な共通認識になっている（表11-1）。この5大要素は日本人にも大筋ではあてはまることが検証されている（柏木，1997）。

　つぎに性格特性と近接した「興味」「指向」の概念にも触れておきたい。性格は職業，職務などと関連が深いが，これらも職業や職務，職場などに対する思いや感情に関する概念で，キャリアと切り離すことができない。興味は職業などに対する好き嫌いの情緒的な感情であるのに対して，指向はキャリア選択の場面であらわれる特性で，意思決定の基準としての価値意識と関連が深い。

表 11-1　性格特性主要 5 因子，ビッグ・ファイブ（二村，2005，p.25）

	その他の訳語	意味内容
外向性 Extraversion	—	社交好き，話好き，活動的，自己主張が得意
情緒安定性 Emotional Stability	情緒不安定性 神経症傾向	悲観的な，緊張しやすい，心配性，神経質，不安になりやすい
親和性 Agreeableness	調和性 愛想の良さ 協調性	人がよい，礼儀正しく丁寧，心優しい，協調的，寛容，忍耐強い
誠実性 Conscientiousness	勤勉性 忠実性 信任性	責任感のある，頼りがいがある，綿密で完全な，組織的で計画的な
開放性 Openness to Experience	経験への開放 理知性 教養性	想像力が豊か，教養のある，理知的，知的，心の広い芸術的な感覚が鋭い，

　興味と指向は現実に一致することが多く，興味・指向と重ねて表記される場合もある。性格は個性の一般的な特徴で，物静かな人，元気の良さそうな人，などと周囲からの観察によってある程度捉えられる。しかし，興味は周囲から観察されにくく，指向は何かを選択する場面にならないと発揮されにくい点が性格と異なる。

　これら性格，興味，指向などの側面は，職業，職務，職場などとの適合性，すなわち向き不向きをあらわすもので，仕事ができるかどうかの能力とは無関係のように思われる。確かにこれらは学業の履修評価の基準にはされない。しかし，仕事の成果とは関連があり，実践的な能力の一つの要素と考えることもできる。性格は，精神的な健康と関係があるし，慎重，大胆，安定性，主体的などの側面は，社会人・組織人としての能力要件と無関係ではない。キャリア・アセスメントにおいては，これらの側面を実践的な能力の一要素として焦点を当てることになる。

3)　コンピテンシー

　「コンピテンシー（competency）」は，辞書では，一般に「能力，適性」と訳されているが，この領域では，個性をあらわす概念として特別の意味を持っ

た専門的な用語である。職務遂行能力，すなわち仕事の成果をあげる能力の概念が実務的なニーズを背景にして考え出されたものである。米国における研究により誕生した概念であるが，1990年代になり日本に紹介され，いわゆる成果主義の流れの中で人材マネジメントに浸透することとなった。単に能力，あるいは職務遂行能力と呼んでもよいが，能力の用語が職務経験年数にもとづいた資格と同義に考えられる風潮があったため，それを払拭する新しい概念や用語が必要とされていた事情がある。

　実践的な職務遂行能力に焦点が当てられることから，組織や職務ごとに要素が抽出されることが多く，普遍的な要素はあげにくい。よくみられる要素としては，知的能力・知識，人格の安定性，対人面の鋭敏性，広い視野と独創性，成熟性・責任感，人間関係スキル，野心・上昇志向などがあげられている（二村，2001）。コンピテンシーの概念は，このように実践的な視点が重視されて日常的な用語であらわされ分かりやすい。しかし，実践的であるがゆえに複雑であり，その定義は必ずしも明快ではない（高橋，2009）。

　もともとこの概念を提唱したボヤティスは，「動機，スキル，自己概念や役割意識，さらに職務で用いられる知識全体などの根源的な個人差」と定義している（Boyatzis, 1982）。またその配下のスペンサーは，「ある状況下の業績や職務遂行上の業績を，ある基準にもとづいて測定したとき，優秀または効果的である場合，それらの原因となっている個人の中に潜んでいる特性」と定義している（Spencer & Spencer, 1993）。日本では，「与えられた役割や職責を果たすため，会社・組織が発揮を期待し，高業績者が類似的に発揮している，行動レベルで示されている能力」（本寺，2000, p. 39）などとされる。行動レベルで捉える概念であることを強調する意味から，能力というより行動特性と表現されることも少なくない。

　これらの定義からコンピテンシーの概念の特徴は，つぎの3点を指摘することができる。第1に，個性の特定の側面に焦点が当てられているわけではなく，人格全体を対象としていることがあげられる。第2に，経験や学習によって容易に習得できるものではなく，根源的な個人差であることが強調されている点である。第3に現実の職務遂行の場面で発揮される実践的な能力ということである。これらの特徴を氷山を模したモデル図であらわしたのが図11-2である。

　個性をあらわす概念は，その測定法が確立されて初めて実践的な意義が得ら

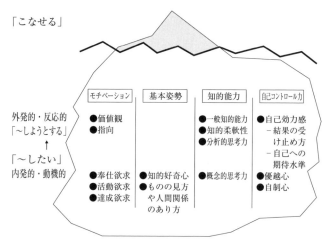

図11-2 コンピテンシーの説明モデル
(Spencer, 1997/二村訳, 2001, p.61)

れるものである。次節で述べるように，能力には能力適性検査，性格には性格適性検査が開発されるなど，個性をあらわす概念は，測定法を背景にして洗練化されてきている。コンピテンシーは，職務と深い関連性がある実践的な能力の概念であるがゆえに，確立された測定法がないが，前出の多面観察評価ツールがコンピテンシーの測定に適用されることが多い。職務ごとに職務を効果的にこなすことのできる行動や態度的な側面に焦点を当てた評定項目を開発して，職場内で評定する方式である。

4) 適性

「適性（aptitude）」の用語は，日常的に使われているが，意味合いは複雑である。『適性がある』という場合，単に個人の特性を意味するのではなく，個人の資質と職業や職務との適合性があること，あるいはその適合性を将来獲得する可能性があることを意味している。つまり，個人の特性そのものではなく，職業，職務との関係性や予見性をあらわす用語ということになる。平たく言えば，向き不向き，あるいは可能性に関する概念ということになろう。

コンピテンシーは職務との直接的な関係を重視する概念であったが，適性は，

資質面と職務行動との関係で，遠い関係性ということができる。また，その時点における適合性のみでなく，潜在的な可能性に注目している点が異なっている。

適性も米国から発信された概念で，第 4 章で触れた P-E fit 理論として 1900 年代初頭の経済の急速な工業化を背景に展開された。そして 20 世紀半ばには，能力的側面に焦点を当てた概念として定着した。当時の米国労働省の定義は，「仕事または職務の学習，あるいは遂行するために，個人に要求される特殊な受容能力 capability または能力 ability である」（永丘・北脇, 1965, p. 153）のように紹介されている。また，キャリア発達理論のスーパーは，適性を職業適合性 vocational fitness の中に，能力的な側面として性格的側面とは峻別している（Super & Bohn, 1970）。

これに対して日本における適性観は，性格，態度など人間的側面も視野に入れており，全人格的な概念として展開されている。職務を遂行する上で必要な能力・スキルに焦点を当てた能力的適性に加えて，職場の人間関係に適応することができるか否かの性格的適性，さらに事業や組織が保持する価値を受け容れ，積極的に適応していくことができるか否かの態度的適性をあげて，3 つの側面を包含させている（大沢ほか, 2000）。さらに心理学事典では，身体的，生理的，精神的機能面での適合のほか，①可能性 ②協調性 ③感情的安定 ④履歴，など個人の潜在面，顕在面の全てにわたる適合の概念とし，総合性が強調されている（正田, 1981）。

いずれにしても，おもに資質的な側面と職業，職務との適合性に焦点を当てた概念で，静的で安定した個性と職務の特性の関係で，次節の適性検査によって測定，判定され実証的な研究が進められている（二村, 2005）。技術革新のスピードの速い現代の環境においては，静的な関係性は有効な情報とならない場合もあるが，キャリア発達や変化を考える上でも適合性が基本となることは否定できず，適性の視点をないがしろにすることはできない。

3 節　キャリア・アセスメントのツール

アセスメントにおいては，個性を捉える概念を理論化するとともに，それを測定するツールの裏づけが求められる。本節では標準化されたアセスメントの

ツールとして適性検査を取り上げ，その理論と実際について整理しておきたい。

1) 適性検査によるアセスメント

　適性検査は，心理測定の理論と技術にもとづいたアセスメントツールである。複数の質問項目を一律に提示し，選択肢の選択や数値で回答を求める。そしてその回答結果を統計的に解析することによって，能力や性格などの特性を計量化する方式である。病理診断に用いられる検査を除けば，おおむね客観的な採点によって数値で個性の特徴を把握する。

　前節で見た，能力，性格，興味・指向などの特性を測定するわけで，測定内

表11-2　適性検査の一覧と分類

	能力適性検査	性格適性検査		
		特性測定	適性判定	病理診断
田中ビネー知能検査	○			
WISC-Ⅲ知能検査	○			
厚生労働省編一般職業適性検査：GATB	○			
矢田部ギルフォード性格検査：YG		○		
東大版総合人格目録：TPI		○		
MBTI		○		
新版東大式エゴグラム：TEG		○		
モーズレイ性格検査：MPI		○		
EPPS性格検査		○		
コーネル・メディカル・インデックス：CMI				○
ロールシャッハ・テスト				○
絵画統覚検査：TAT				○
内田クレペリン精神検査		○		△
文章完成法検査：SCT		○		△
職業レディネス・テスト		○	△	
教研式職業興味・志望診断検査		○	△	
管理者適性検査：NMAT		△	○	
中堅社員適性検査：JMAT		△	○	
R-CAP		△	○	
職業興味検査：VPI		△	○	

R-CAP以外は、産業カウンセラー協会（2000）にて紹介されている検査の一覧。

容によって能力適性検査，性格適性検査，興味・指向検査，そして複数の側面を測定対象にする総合適性検査に分類される。性格適性検査，興味・指向検査は，さらにその機能によって，特性を測定し個性理解に用いる検査，職業や職務適性の判定する情報を提供する検査，精神病理の診断の参考にする検査に3分類することができる。この分類基準にしたがって産業カウンセリングハンドブック（日本産業カウンセリング学会編，2000）に紹介されている適性検査を中心に一覧にしたのが，表11-2である。

歴史的には個性を把握する概念の提唱と同時期，すなわち1900年代前半から開発・研究されてきている技術である。概念とその測定手段は車の両輪のような関係で，測定データの検証によって裏づけながら理論が展開されてきている。つまり，心理学を背景にして個性に関する理論と測定技術が相乗的に影響を与えながら発展してきたのである。

したがって後述するように，その開発，実施，採点，結果の利用の一連のプロセスは，専門家によって，または専門家の指導によって技術的，倫理的なルールに則って展開されるべきものである。安直な開発や利用は誤った判断を招くおそれもある。ちなみに，テストの開発，実施，採点，結果の利用に関する一般的な規範やガイドラインは，学会によっても示されている（日本テスト学会，2007）。

2) CACGS：Computer Assisted Career Guidance System

CACGS：Computer Assisted Career Guidance Systemと呼ばれるツールがある。パーソナルコンピュータによって展開されるシステムで，適性検査を受けるだけでなく，その場で採点結果がフィードバックされたり，関連する職業に関する情報が提供される。さらに，キャリア開発の計画についてもコンピュータ上で作成できるように導かれる（室山，2006）。

CACGSは，カウンセリングを受けるほどではないが，考えるヒントや情報は欲しいというニーズに応えるもので，パソコンとの対話による簡易キャリア・カウンセリングとも，キャリア自習システムとも言える。日本では日本労働政策研究・研修機構により，キャリア・インサイトの名称で開発され，ハローワークや大学のキャリアセンターなどに設置されている。当初，若年層の初期キャリアの選択を支援する版が開発されたが，続いて中年層を対象にした版

も提供され幅広い利用に供されている。

　自習システムとして設計されているが，結果の解釈などカウンセラーとのやりとりがあれば一層理解が深まるのは当然で，実際にはカウンセラーの指導のもとで実施，結果の分析が進められることも多いようである。

3）適性検査の信頼性と妥当性

　適性検査は，心理学の理論や技術によって開発，運用されていると述べた。これは実証を重視するアプローチであり，適性検査の測定の質や適用の適否などを分析する枠組みと技術も備えていることを意味している。適性検査における測定の安定性や一貫性，あるいは適用の適切性を検討するノウハウとなっている。とくに前者の測定尺度の評価をする枠組みを「信頼性（reliability）」，後者の適用の適切さを「妥当性（validity）」という日常用語の信頼性，妥当性とは意味内容が微妙に異なり，心理測定の領域における専門用語となっているので注意を要する。適性検査を理解する上で，重要なポイントであるので，それぞれの内容をさらに掘り下げておこう。

①　信頼性（reliability）

　健康診断における身長や体重の測定であれば，ツールの信頼性を問題にしないで測定されるであろう。しかし，実体の見えない能力や性格の場合は，仮定した個性という抽象的な概念が対象であり，ツールがどれほどしっかりした尺度であるか心配になる。また，能力や性格の特徴が数値で示されると，逆に何ら疑うことなくそれを信じてしまいそうでもある。

　そこで，個性の測定においては，ツールがどの程度安定した値が得られるものかを確かめながら利用しなければならないというわけである。今日測定した結果と一カ月のちに測定した結果が，大きく変動しないことや測定値に大きな誤差や偶然が作用していないかなどは当然の疑問で，これに応える概念である。

　ちなみに，信頼性は，端的に言えば，「構成された尺度得点がどの程度安定しているか」と説明される（日本テスト学会編，2007，p. 47）。また技術的な視点を取り入れると，「測定が繰り返して実施された際，一つの集団について一貫したテストスコアが得られ，それがテスト受検者個人についても安定しているように思われる程度。その集団の測定にエラーが含まれない程度」（米国心理学会ほか編，1999）のように定義される。

表11-3　いくつかの性格適性検査の信頼性係数（二村，2005，p.58より作成）

	尺度数	信頼性係数		推定方式	対象者数	対象者層
		平均	レンジ			
総合検査 SPI 2	13	.86	.80～.91	内的整合法	約85500	大学生
管理者適性検査：NMAT（性格）	8	.88	.81～.93	内的整合法	1592	管理者層
同（指向）	4	.86	.80～.89	内的整合法	1592	管理者層
中堅社員適性検査：JMAT（性格）	9	.84	.76～.90	内的整合法	823	一般社員層
同（指向）	3	.89	.85～.93	内的整合法	823	一般社員層
TPI-GAD	14	.63	.29～.90	内的整合法	637	社会人 平均39.8歳男性529人 平均29.7歳女性108人
	14	.61	.25～.90	内的整合法	781	学生 平均18.6歳男性646人 平均18.5歳女性135人
東大式エゴグラム新版 TEG Ⅱ	5	.80	.77～.84	内的整合法	1221	企業人・主婦・学生 平均34.6歳男性692人 平均29.2歳女性529人
日本版 EPPS	15	.79	.57～.90	内的整合法	91	男子
	15	.76	.57～.88	内的整合法	115	女子
	15	.75	.63～.85	再検査法	46	女子

大沢武志ほか編（2000）．人事アセスメントハンドブック．金子書房，上里一郎（1993）．心理アセスメントハンドブック．西村書店，東京大学医学部心療内科 TEG 研究会編（2006）．新版 TEG Ⅱ　解説とエゴグラム・パターン．金子書房より作成
TPI：東大パーソナリティ・インベントリー，日本版 EPPS：Edwards Personal Preference Schedule

　標準化された適性検査であれば，提供機関から事前に確認した信頼性の水準が開示されている。開示されるのは「信頼性係数」とそれを求めるために用いられた方式や集団などの情報で，一般に，値は0.6～0.9程度に分布する。値が高いほうが，信頼性が高いということになるが，その適否は信頼性係数の水準のみで一概に判断することはできず，実施目的，検査方法，測定内容，実施所要時間，実施対象者，などとのバランスから判断することになる。
　参考までに主な性格適性検査の信頼性係数を掲げておく（表11-3）。
② 妥当性（validity）
　妥当性は，多角的に証拠を集めて全体として適切さを検討する過程のことで

ある。尺度そのものの性質ではないので，妥当性というより「妥当化」validation という方が適切であろう。

適切さの程度ということになると，複数の視点があり複雑な問題になる。キャリア発達支援で用いられる検査において，妥当性を検討する視点をつぎのように例示すれば理解できよう。

- 測定内容や背景にある個性を捉える理論が，実施目的や対象者に照らして適切か。
- 質問項目が，対象者にとって違和感や必要以上の負荷がないか。
- フィードバックされる測定結果の表現法が分かりやすく，利用者にとって受け入れやすいか。
- 測定結果が，他の同種の検査と大きく異ならないかどうか，すなわち測定すべき内容が的確に捉えられており，結果に対する納得が得られやすいか。
- 適性判定が提供される検査の場合は，その判定が的確かどうかが検証されているか。

これらの検討ポイントそれぞれについて証拠をもって議論し，妥当であると考えられるかを総合的に判断することになる。証拠が一つ得られれば，妥当と判断できるようなものではない。もちろん，信頼性が適用目的に照らして十分であるからといって，妥当性が十分でないことはいうまでもない。得られた証拠をもとに，多角的かつ総合的な議論が必要なのである。

さらに実施の影響が大きい検査の場合は，一度下した結論で将来も検査が妥当であると判断するのは早計で，新たな証拠を付け加えながら，繰り返し議論を継続する必要も指摘されている。テスト理論の研究者であるクロンバックは，こうした事情について「妥当性の評価はつねに暫定的で，たとえ得られた証拠が画期的なものであったとしても最終的な結論と考えるべきではない」と述べている (Cronbach, 1988)。

ちなみに，妥当性は，端的に言えば，「測定しようとする特性をきちんと測定する質問項目を備え，それが尺度得点に反映されているかどうか」とされる（日本テスト学会編, 2007, p. 52）。もう少し詳細に記述すると，「測定の背景にある人格などの個人差に関する理論が確かであるとともに，利用目的や場面に照らして適切であるとの証拠が十分にある程度」のように定義される（米国心理学会ほか編, 1999）。

4節 キャリア・アセスメントの展開

　アセスメントは，人材マネジメントにおいて広く展開されが，キャリア発達支援の文脈では，教育研修，キャリア・カウンセリング，キャリア・ガイダンスなどのプロセスに組み込まれている。標準化されたアセスメントは，主に適性検査が用いられ，標準化されていないアセスメントは，支援プログラムの文脈で適宜実施されている。

1) 教育研修における適性検査の展開

　キャリア開発にかかわる教育研修では，多くの場合，自己理解のセッションが組み込まれる。キャリアの計画を考えるに先立って，それまでのキャリアを振り返りつつ自分の特徴を改めて認識させるプロセスである。自己理解を深めさせるために，適性検査などのアセスメントが展開される。

　ここでは，キャリアアンカーについて自己洞察を深めさせるセッションを見ておこう。キャリアアンカーは，長年のキャリアの蓄積を背景にしてこそ自分のアンカーの所在が感得されるものである。これに従えば，教育プログラムの中で自己分析を通じて特定させるべきものではないことになる。しかしながら，自分のアイデンティティを確立させるプロセスにおいても，アンカーの枠組みを理解し自分の所在を考えさせることは，キャリア発達を促す上で無駄ではなかろう。

　このセッションでは，つぎの2つの効果が期待される。一つは，多様なアンカーの所在，すなわち多様なキャリア観を理解することになる視野拡大効果である。他の一つは，アンカーを考えることによってアイデンティティを見直すなど自己理解促進の効果である。

　プログラムは，研修前にキャリアアンカー・サーベイを実施し，回答を回収，個人別報告書を作成しておく。研修のセッションは図11-3のとおりの展開となる。なお，ここで，用いられているキャリアアンカー・サーベイは，(Shein, 1990/金井訳, 2003) を利用することができる。また，相互インタビューによるアンカーの特定は，標準化されていないアセスメント（後述）の一つで，Shein（同）によるものである。

11章 キャリア・アセスメント

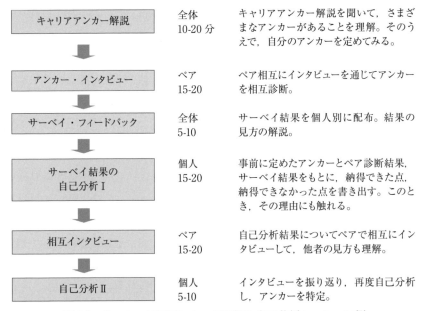

図11-3 キャリアアンカーの理解と自己分析セッション例

　このセッションでは，アンカーの説明を聞いた上での自己診断，相互インタビューによる他者診断，サーベイによる測定の3つの情報から自己分析を進める。多角的な情報を総合する視点の獲得にもなる構造で，相互インタビューからは他者からの眼を意識することになるとともに，他者を分析することによって客観的に分析する視点を得ることになる。なお，このセッションには，標準化されないアセスメントの例として後述するキャリア振り返りのワークが組み込まれることもある。

2) キャリア・カウンセリングにおける適性検査の展開

　キャリア・カウンセリングでもアセスメントが行われることは，前章で見たとおりである。さまざまな方法が用いられるが，ここでは職業興味検査VPI：Vocational Preference Inventoryが，若年層を対象とした適職相談の中で用いられている例を紹介する。

　職業興味検査VPIは，ホランドが開発したものを日本労働政策・研修機構が日本版として開発した検査である。160の職業名のリストを提示し，それぞ

166

図 11 - 4 職業興味検査 VPI を用いたキャリア・カウンセリングの展開例

れの職業に興味があるかどうかを回答させ，適職が判定される。具体的な展開は，実施，自己採点，解釈の過程を通じて，自己理解と職業に関する興味，指向が見定められていく（図11-4）。この過程は，検査を受検するというよりも，カウンセラーがカウンセリーの自己分析とキャリアの方向感を模索するプロセスに寄り添うイメージである。検査結果を決定的なものとして押しつけることなく，感想や意見などを引き出したり情報提供したりしながら，一緒に考えるスタンスがとられる。

キャリア・カウンセリングに一律に適性検査が適用されるわけではなく，カウンセリーの問題やカウンセリングの流れから実施の是非が検討される。上述のように若年層の自分探し，適職探しの初期的な段階で利用されることが多い。

その際の効果はつぎの2点になろう。まず，アセスメント結果が受容されやすいことがあげられる。カウンセリーは，カウンセラーから自分の特徴についてフィードバックを受けるよりも，検査を通じて自ら発見していくプロセスのほうが受け容れやすいという点である。つぎに，カウンセリングの展開が構造化され，カウンセラーの負荷が軽減されることがあげられる。適性検査などのツールなくして自己理解を促すよりも，検査の実施，採点，解釈などの段取りがあったほうがカウンセリングを進めやすいということである。

3） キャリア・ガイダンスにおける適性検査の展開

キャリア・ガイダンスは，中学，高校で，進路指導の一環として学習指導要領に則って実施される。大学でもキャリア教育に注力されており，就職活動の

支援としてガイダンスが行われている。そこではガイダンス用に開発されたR-CAP（リクルート）などの適性検査が用いられている。

具体的な展開は，つぎのようになる。①説明会で検査の趣旨が説明され，ガイダンスで一斉に実施される。②そして結果報告書が職業情報を添えて個別にフィードバックされる。③ガイダンスで結果の読み方が説明され，個別に自己分析を進める。④質問や疑問があれば，報告書をキャリアセンターに持参して説明を受ける。

集団実施のため，おおざっぱな支援になりがちなものの，自己分析のきっかけとなったりキャリアに対する興味を引き出したりするなど，就職活動の第一段階の常套手段になっている。

4) 標準化されていないアセスメントの展開

キャリア研修，キャリア・カウンセリングなどキャリア発達支援においても標準化されていないアセスメントが多用される。適性検査ではその実施や解釈のプロセスによって自己理解が深められたが，標準化されていないアセスメントでは一層，アセスメントの結果というよりもその展開プロセスから自己理解が促される性質がある。キャリア研修においては，自己分析などのワーク，研修ゲーム，他のメンバーとの討議・情報交換などを通じて，自己アセスメントが促される。

ここでは，ライフライン法とカードソートによるアセスメントを紹介する。ライフライン法は，キャリアを振り返って整理することによって，キャリア観や興味・指向などを分析し，自分らしさは何かに気づきを得させようとするものである。

具体的にはつぎのような手順となる。①記憶に残っている大きな出来事（イベント）を思い出し，②そのときどのようなことに気づき，どのような気持ちであったか。うれしかったこと・悲しかったことなどを書き出す。③その出来事があった際の，自分らしく生き生きとしていられた程度を6段階で評定する。④キャリア全体をながめ，出来事やそのときの気持ちの背景や理由などを考えて，自分らしさとは何かを考える。⑤振り返りワークがまとまりしだい，他のメンバーに自分の振り返りについて話を聞いてもらう。語ることにより自分らしさはより明快に意識されることになる。⑥他のメンバーの振り返りワークの

内容を聞き，共感的に聞くことにより，自分との違いを感じる。

学生においては，思い出される出来事（イベント）は多くはないし，通常仕事にかかわる出来事ではない。しかし，記憶に残る出来事に焦点を当て，それを語り合うことによって，自分の成長にとって重要な意味があった経験に気づくものである。表11-4-①と11-4-②のケースは，それぞれ，出来事が連鎖的に展開される様子がよくわかる。なおメンバー間相互の語りは，プライバシーにかかわる内容であり，自己開示を無理やり求めないよう慎重でなければならない。

ライフライン法は，ライフ・キャリアの浮き沈みの流れを視覚的に捉えることができ，古くからキャリア・カウンリングなどの実践に利用されてきている。2000年前後からは，学術研究の手法として用いられることもあり，他の手法では得がたい質的なデータ解析が展開されている（下村，2013ほか）。

つぎにカードソートである。職業や職務に関することが書かれているトランプのようなカードを用いて，キャリア指向などの気づきを引き出そうとする自己分析プログラムで，1960年代頃より開発されている。カードには，職業名，職業の内容説明，職務場面の絵などが描かれるなど，その形式は多様である。またカード枚数も30枚程度から100枚を超えるものまで多様である。展開プログラムは，①カウンセラーと対面でのワーク，②個人ワークによる自己分析，③授業・研修などにおけるグループワークとしての展開，などがあり，具体的な流れは担当するカウンセラーに委ねられる。いずれも，ゲーム的に展開されキャリア観への気づきや職業の理解などが促される。他愛のないワークであるが，標準化されたアセスメントによる測定・診断結果とは異なり，展開プロセスからの気づきが期待でき，キャリア支援に関わる団体から多様なツールが提供されている。ちなみに下村・吉田ほか（2005）は，ホランドのRIASECモデル（第4章，図4-2参照）をもとにした48枚からなるVRT（Vocational Readiness Test）カードを開発し，多様な展開法について報告している。

ここで筆者の作成した例を参考までに提示しておく（図11-5）。カードはトランプ状の40枚の構成で，職業生活，仕事内容，組織や職場の特徴などが1項目ずつ書かれている。欧米のカードが職務分類を基礎にしているのに対して，本カードは日本のキャリア選択事情にあわせて企業・職場分類も視野に入れている点が特徴となっている。図上部の標題は，カードが8枚ずつ5つの領

域に分かれていることを示すもので，カード自体には記載されない。ワーク終了後に，重視する（しない）カード内容とともにカードの属する領域の偏りを確認し，キャリア意識の分析に役立てる。

　カウンセラーと相対して行う場合の所要時間は5～10分程度で，まず，①ランダムにカード1枚ずつ順に読み上げて聞いてもらいながら，キャリアを選択するに際して重視したい程度によって3群に分類する。②重視したいと感じたカードが多い場合は，さらにそのカード群をさらに重視したい程度によって3分類し，重視したいカードを3～5枚程度にまで絞り込む。③重視したいカードを確認し，カウンセラーとやりとりしながら想いを共有する。その際，重視しないカード群の内容も確認すると異なった視点からの気づきが得られることがある。また，前述のとおり，そのカードの領域にも注目するとキャリア・ライフ全体像を考えやすくなる。

　グループワークで展開する場合は，メンバー同士でペアになり相互に同様の展開をする。ポイントは，カードを分類することでなく，読み上げて相手に聞いてもらう点にある。また，グループワークにおけるペアメンバーは，相手の読み上げと分類ワークを通じて自分とは異なるキャリア意識に触れる。その結果，自分のキャリア意識の特徴にあらためて気づくことになる。個人ワークの場合も，できれば家族や友人に話を聞いてもらいながら進めるほうがよい。

　ちなみに，本カードは性別，企業規模別，アイデンティティの状態別など選択傾向の統計が得られており，参照が可能にされているが，本書では紙幅の関係から省略する。

表11-4-① キャリア振り返りワーク例　Aさん

わたしのキャリア振り返り

記憶に残っているできごと	うれしい・悲しいなど、そのときの気持ち	自分らしく元気でいられた程度（←不十分　十分→、1〜10）
中1 不良だらけの中学の入学式	スカーフを出す場所によって意味があることを言われ、目をつけられないようにと友達とあわせてた。（怖い人がいたから。）	5
バスケ部入部	上下関係が厳しい、荒れているって聞いていたが、何となくしてたら先輩とも仲良くなった。運動神経がかなり良くなった。（怖いイメージだったから。）	7
中2 レギュラーに	何故か活躍していた。次第に先生とも良く喋るようになったが、みんなから嫌われていたし、もちろん私も嫌いだった。（すごく練習した。負けたくなかった。）	8
同学年のヤンキー勢ぞろいクラス	人間関係がすごかった。嫌なことをしたし、された。仲良くなったり離れたり意味不明だった。	2
毎日夜遊びへ	昼間は授業中か保健室で寝る。階段の上で授業サボりまくった。	4
パラパラにはまる	休み時間にライブ的なことをして、何人かで踊りまくっていた。やりたい放題。	8
バスケ部退部	プレッシャーに弱いことに気づいた。先生と何回も話し合いをした。	4
人間関係いろいろ	いろんなことがありすぎて、ここが一番成長できたと思う。みんな人の目を気にしていたが、気にしなくなったらとことんトゲがなくなり、みんなと仲良くなった。	7
中3 知らない子ばかりのクラスへ	2年のときにあつまりすぎたため、離された。ジャンルが違いすぎて毎日違うクラスの子たちとすごしていたし、直前になるまで修学旅行に行きたくなかったので先生が黙って立て替えてくれていた。	3
受験勉強	意外と週5で塾に通っていた。もう戻りたくないと思った。	5
修学旅行	素出したらみんなと仲良くなれた。	8
先生と毎日喧嘩	常にしんどかった。	2
卒業	悲しかった。	3
高1 高校	あまりに平和すぎることにびっくりした。	8
淡路島山越え	協力して楽しかった。男の子と普通に喋れるようになった。	7
ヨーロッパ3カ国	初海外。親に頼りまくっていて、なにもできなかった自分に後悔。	4
高2 女クラ	楽しすぎた。	9
片思い	これ以上好きすぎるひとは現れないと思った。本当に魅力的で、毎日切なかった。	8
浪人	1日すごい量の勉強をしたときもあったけど、あまり集中力がないと思った。	5
初韓国	見知らぬ地を歩くのは他に強いことに気づいた	7
大1 大学失敗	○○大学をあと1点で落ちた。○○大へ。1年間悩み続けた。自分に自信が湧いてこなくなった。	2
シンガポール	私は何もできないが、友達をみて何でも現地に親しんで楽しむことが大切だと思った。	6
大2 2回生	今のグループの子達と話したりするのが楽しかった。	7
タイ	ほんまに色々喋りに行った。現地の人たちと積極的に触れ合った。こんなのが大好きになった。	9
イタリア	今度は私が親よりも頼りがいが出ていた ★ほめられた★	10

表11-4-② キャリア振り返りワーク例　Bさん

わたしのキャリア振り返り

時期	記憶に残っているできごと	うれしい・悲しいなど，そのときの気持ち	自分らしく元気でいられた程度（←不十分　十分→、10段階の概算）
3歳	ピアノを習い始める	音楽がとても好きになった。	5
4歳	音楽幼稚園入園	仲のよい友達と違う幼稚園だったから悲しかった。	3
	ハーモニカを習う	最初は全くできなかったから，幼稚園が大嫌いだった。	2
	演奏会にでる	ハーモニカも吹けるようになり，いろんな楽器にも挑戦したため，音楽が更に好きになる。	7
小1	小学校入学	入学当時は友達作りに苦戦し，学校が苦痛だった。	2
	親友ができる	2学期から転入してきた子と仲良くなり，とても嬉しかった。	8
小4	バドミントン部入部	幼いなりにも体力面でも精神面でも成長できた。	7
	試合にでる	初めての試合は1回戦で負けて悔しい思いをした。そこから練習を頑張った。	5
小6	団体戦のメンバーに選ばれる	自分も試合に勝てたし，チームも優勝したのですごく嬉しかった。	9
中1	中学校入学	また親友と同じクラスになれなくてへこむ。	4
	バドミントン部入部	練習が毎日のようにあって，きつかった。でも礼儀作法も身につき，体力，精神面も更に鍛えられてかなり自分の中では成長できた。	6
中3	部活引退，塾に入る	部活を引退した夏から，高校受験のために夏期講習に行き，そのまま塾に入った。勉強は大嫌いだったから，毎日が憂鬱で仕方なかった。	3
	高校受験	私立も公立も全部合格した。とっても嬉しかった。	9
高1	高校入学	第一志望の高校に行けたので，気分は最高だった。楽しかった。	10
	バドミントン部入部	中学に比べると楽すぎた。先輩も優しいし，みんな仲良くて楽しかった。	8
高2	バドミントン部のキャプテンになる	みんなの上に立つことはすごく大変だった。意見を聞いたり，相談にのったり，ただクラブに打ち込めばいいというものではなかったから，苦労した。	5
高3	部活引退	とてもいい経験をさせてもらった。	7
	大学入試	失敗。でも高校のときに遊びすぎたから，浪人は覚悟していたから，少しへこむ程度だった。	4
	浪人生	憂鬱。勉強が嫌いだからその一言。成績も上がらないし，1年が長い。	2
	もう1年頑張ることをきめる	地元の大学しか行くとこがなかったけど，そこだけはどうしても嫌だった。挫折を味わう。（1番悲しかったのは，周りの友達がいなくなってしまうことだった。）	3
	大学合格	第一志望には落ちたけど，大学合格は嬉しかった。	7
大1	大学入学，合気道部入部	新しいことにチャレンジ！合気道が楽しすぎる。	9
大2	大会で3位になる	練習の成果が出せて嬉しかった。	8
	ケガをする	全日本大会に出れず，悔しい苦しかった。	3
	黒帯取得	黒帯はやっぱりかっこいい！嬉しかった。	9

4節 キャリア・アセスメントの展開

1 内発的な上昇志向	2 外発的な功利探求志向	3 環境的な条件志向	4 職場の人間関係志向	5 社会への貢献志向
事業の内容が意義深く感じられる	高い給与・報酬が得られる	社会から高い評価を得ている会社や組織で働く	意見や価値観の異なる人と働ける	国際的な活動に参加できる
信念や情熱をもって仕事ができる	従業員や家族への福祉の施策が充実している	職場の環境・設備が充実している	能力・スキルの高い人と働ける	日本の発展に貢献できる
仕事を通じて人間的に成長できる	仕事を通じて専門技術やスキルが高まる	仕事の内容や役割が自分にふさわしい	人間性の豊かな人と働ける	社会の動きに影響を与えられる
仕事を通じて自己変革ができる	組織への貢献度で各自の報酬が決められる	育児・介護・副業などの事情にあわせて自由に働ける	職場の人とお互いに競いあって皆で成長できる	地域の発展に貢献できる
仕事に対して趣味のように夢中になれる	仕事を通じて資格が取得できる	自分の責任範囲が決められている	職場の人とお互いに助けあえる	会社や組織の発展に貢献できる
自分のアイデアや発想を生かすことができる	ていねいに指導してもらえる	働く地域や環境が自分にあっている	職場の仲間と何でも話せる	多くの人の幸せを支える活動に貢献する
自分の能力・スキルを生かすことができる	家族や友人が評価してくれる	ストレスが少なく安心して働ける	職場では上司・部下などの秩序を保って働ける	いろいろな人に感謝される活動に参加する
自分の強みを伸ばしたり弱みを克服できたりする	変化が少なく平穏に長く仕事が続けられる	規則正しい生活ができる	職場の人とは仕事面に限った関係でいられる	困っている人を支援して感謝される

図11-5 カードソートのカード例

コラム

IQ と EQ

　IQ は，広く知られるもので，一般用語に言えるほどである。Intelligence Quotient の略で，「知能指数」のことである。指数であるから，統計的に知能の水準を数値で示す指標があるわけで，それが知能検査ということになる。知能が他のさまざまな課題解決能力の源泉になっていると考えられた節があり，必要以上に重視された感がある。とりわけ米国では，能力，とくに知能を重視してきたように思われる。

　人間の能力は，知能だけでなくもう少し幅が広いはずで，実践場面で求められる能力を洗い出すと，そこには音楽の能力，体を動かす能力，などの特定の領域で活かされる能力があるし，さらに一般的にも対人的なやり取りをうまくこなす能力や自分自身の考えや気持ちを適切にコントロールする能力などもありそうである。性格的な側面，動機，価値意識などの側面とも関連が深そうな領域である。実践場面では知能と同等かそれ以上に重要かもしれない。

　こうした実践的な能力は「情動的な知性（Emotional Intelligence）」と呼ばれるもので，次章で触れられている人間力，社会人基礎力などの包括的な捉え方につながる。EQ は IQ と対置させて喧伝されやすいが，それはこの情動的な知性のことである。しかしながら，EQ：情動的知性指数という指標はないし，同種の実践的な能力を測定することは IQ の概念が誕生したころからの古典的なテーマですらある。つまり，情動的知性を測定するオーソライズされたツールはまだ開発されていない。そのことが IQ 偏重を招いたということもできよう。

　知能を偏重することなく，情動的な知性を伸ばす教育がキャリア発達上は重要であることは間違いなかろうが，安直にそれを測定して指数化するのには慎重であるべきものである。

キャリア発達の心理学と人材マネジメント：総括

　キャリアの用語は，1990年代に入ってから広く使われるようになったものである。また，個人のキャリア発達を最大限に支える人材マネジメントがキャリア・マネジメントと呼ばれ，企業経営の方向となったのも同時期か，それより少し後の1990年代後半以降のことである。

　いわゆる平成の不況期において雇用保証が難しくなったり，企業の統廃合が進んだりした社会情勢が背景になった。また，経済の成熟化により，社会の複雑化，流動化が進み，働くことの意味に関心が持たれやすくなった事情もあるように思われる。

　最終章に際して社会，組織の変化，それに伴うキャリア観・人材マネジメント観の動向に焦点を当て議論を促したい。

1節　新しい人材マネジメント観

1)　個と組織の関係観

　技術革新のスピードが速まり，多様な新しい事業や職務が生まれるなど，変化し続けている。こうした状況においては個と組織の関係も流動的になり，いわゆる心理的契約が損なわれやすく，新たな関係作りが行われることになる。歴史を少し遡り，個人と組織の関係性に関する動向を見てみよう。第7章で述べたように，歴史的に経営環境の変化に伴う個と組織の関係はつぎの3つのフェーズで説明される（図12-1，太田，1997；同，1999）。

① 　官僚的組織と経済人的人間観

　まず，20世紀初めの数十年では，設計した組織や職務に個人を割り当てて，仕事を標準化して遂行させるアプローチが中心になる。すなわち官僚的組織で，職務を明確に定めて，それに人を割り当てる発想である。そこでは作業標準と

12章 キャリア発達の心理学と人材マネジメント：総括

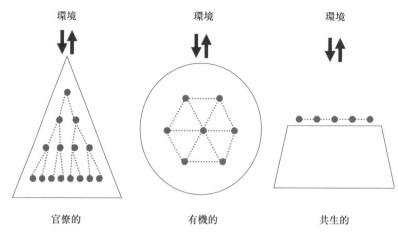

官僚的　　　　　　　　有機的　　　　　　　共生的

図 12-1　個と組織の関係（太田，1999，p. 122 より作成）

その経済的価値を連関させたマネジメントが展開される。人は得られる報酬の多寡によって働くものとする経済的人間観にもとづくものである。

② 有機的組織と社会人的人間観

つぎに 20 世紀半ばから後半にかけては、人を感情を持った存在として捉え、動機づけをしたり集団としての結束力に期待するアプローチがとられる。人と人がダイナミックに影響を与え合うことにより、組織の生産性やメンバーの意欲の水準が方向づけられることに焦点が当てられたものである。基本となる人間観は社会人的人間観と呼ばれ、組織を生き物のように捉える考え方であることから、有機的組織と呼ばれる。

③ インフラ型組織と自己実現的人間観

1990 年代後半ごろからは、個の多様な能力や価値意識を受容し、その個性・能力と創意を最大限に活かそうとするアプローチが展開されてきている。自己実現的人間観と呼ばれるもので、個人を組織に囲い込むことなく、顧客や社会との直接的な関係作りを促し、自由で創造的な思考に期待するなど、経営環境への俊敏な適応を可能にするアプローチがとられる。こうした組織は、メンバーにとっては活動のインフラとして機能し、個と組織が共生的関係になることから共生的組織と名づけられている。顧客の動きなど環境の動向をすばやく吸収し、柔軟で俊敏な対応を可能にする新しい人材マネジメントと言えよう。

以上のような個と組織の関係の推移は、古い考えが新しいものにとって替わ

る転換ではなく,新しい枠組みが創られ,それまでのアプローチを吸収統合して複雑化,多様化していく変化のように思われる。

2) キャリア自律支援を軸とした人材マネジメント

個と組織のあり方を以上の流れの中で捉えると,現代における人材マネジメントのあるべき姿は,個のキャリア自律の能力と意思を最大限に生かすことが目標になるように思われる。具体的にはつぎの10項目に整理することができよう。

＜経営方針や施策のアプローチ＞

① 経営方針・ヴィジョンが明確で,事業の社会的な意義がメンバーに共有されている。

仕事の社会的な意義がメンバーに認識されていることは,キャリア発達の基本として重要なポイントとなる。

② メンバー個人の仕事の役割やミッションが明確になっている。

組織や周囲からの期待,すなわち役割やミッションがメンバー個人に的確に認識されていることが重要である。社会・集団における自分のポジションが明確になっていることは,アイデンティティ確立の要件の一つでもある。

＜職場のマネジメントのアプローチ＞

③ メンバー個人の目標が明確で,挑戦しがいのある仕事が提供されている。

明確で高い目標が重要であることは,目標設定理論の示唆するところである。メンバー個人にとって魅力ある短期的,長期的な目標がモチベーションの源泉となる。

④ 仕事の成否がメンバー個人にタイミング良く,かつ的確にフィードバックされている。

自分の仕事の成果ややり方が良かったかどうかがフィードバックされていることは,効果的な学習にとってもモチベーションの高揚にとっても重要である。職務特性理論,目標設定理論の示すところである。

⑤ メンバー間で競争したり支援し合うなど,人間関係のネットワークができている。

上司のみならず,同僚,先輩,後輩との人間関係が,モチベーションにとって大切である。また,人間関係のネットワークが,ストレスを和らげたりキャ

リア発達を支えたりするなど，ソーシャルサポートとして機能することにもなる。

⑥　メンバーが，自分の能力・スキルの状況について把握している。

　自分は何ができるかを，組織や周囲の期待と関係づけて把握していることは，アイデンティティの確立と健全な自律的キャリアの発達を促す。

＜制度や体制によるアプローチ＞

⑦　キャリアの自律を促したり，支援するなどの人事制度や体制が整えられている。

　キャリア研修，キャリア・カウンセリング，社内公募・FA制度などによって，メンバーを支援する体制が整えられていることが，自律的で健康的なキャリア発達を促す。

⑧　個人生活の私的な事情が配慮されている。

　仕事生活と個人的な生活とは一体となって展開されており，相互にプラスにもマイナスにも影響を与え合っている。したがって人材マネジメントは，職務面のみでなく，ワークライフ・バランスの視点も大切で，私的な生活におけるさまざまな事情に配慮したマネジメントが組織全体のパフォーマンスを高める。

⑨　労働負荷，労働時間，職場環境，安全が配慮されている。

　ストレスが強くなり過ぎないように，個人別に状況を把握する仕組みが作られ，問題を未然に察知して対処するマネジメントが組織の健全性を保つ。

⑩　個人の権利を侵すことのない順法の姿勢が貫かれている。

　雇用や処遇において，関連法規を順守するのは当然であるが，さらに法規の趣旨を活かした積極策がメンバーに安寧をもたらし，高いモチベーションが引き出される。

2節　新しいキャリア観・能力観

　キャリアにかかわる環境の流れを前節のように捉えると，そこにあるキャリアの姿は，どのようなものになるかを確認し，支えられるべきキャリア発達の方向感を検討する。

1) バウンダリーレス・キャリア

自律的なキャリア発達，それは組織の中に閉じ込められることなく，あるいは組織に依存することなく，組織を自分の動機や価値をまっとうするために利用する姿勢を基盤としている。職務，組織，仕事と家庭，産業の壁を越えて移動するキャリアのことで，文字どおり国境を越えた転職や進学をすることから，「バウンダリーレス・キャリア」と呼ばれたり，「インテリジェント・キャリア」と呼ばれる。また，ホール（Hall, D.）はギリシャ神話のプロテウスという神の変幻自在な姿にたとえて「プロティアン・キャリア」と表現していることが知られている（渡辺，2007）。

従来は学校での勉強→就職→退職の直線的な一律のキャリアであったのに対して，近年では，学校での勉強→就職→留学や大学での勉強→再就職→勉強，などと学校と職場の自由な移動が見られるなど，さまざまなキャリアが指向されることも珍しくない。場当たり的なキャリア発達との区別が難しいが，キャリアに対する価値意識や信念があり，戦略的な選択にもとづいている点が特徴となっている。また，自分の能力や個性をしっかりと捉え，求められる役割や意義を踏まえて自己変革を実現させていく力強さがある。

万人のキャリア発達の展開がこのように複雑になるわけではなかろうが，サクセスを目指すこうしたキャリアが増えているのは間違いなかろう。キャリア発達のあり方にバウンダリーレス・キャリアが加わり，多様化が進んでいるということである。ちなみに欧米では，文字どおりバウンダリーレスに，国を超えて勉学，職業を展開するダイナミックなキャリア事例が増えているようで，興味深い具体的な例も紹介されている（榊原，2004）。

2) 人間力・社会人基礎力という考え方

このように流動的なキャリア発達の中で求められる能力はどのようなものであろうか。バウンダリーレスにキャリアの自律を果たす能力ということである。学校教育における従来の「学力」では十分言いあらわせないことは言うまでもなく，新たな議論が展開されている。

文部科学省では自ら学び，自ら考える力など「生きる力」という理念を提唱した。内閣府では，さらに発展させて「人間力」の用語で現代における現実の社会で求められる能力のあり方が研究された（市川，2003）。経済産業省では，

表 12-1 新しい能力観比較

経済産業省	厚生労働省	文部科学省	CRESST（米国研究所）
	ビジネスマナー		
	職業人意識	将来設計能力	
前に踏み出す力			自己統制力
チームで働く力		人間関係形成能力	協働力
		意思決定能力	問題解決能力
考え抜く力			
	コミュニケーション能力	情報活用能力	コミュニケーション能力
	基礎学力		知識・技術力
	資格取得		

(CRESST：National Center for Research on Evaluation, Standards, and Student Testing キャリアガイダンス（2006）．これからの社会で求められる「力」，6．p. 49 および O'Neil, H.（2006）日本テスト学会第 4 回年次大会講演より作成)

　「社会人基礎力」を実践的な能力として提示し，学校教育の方向観を示そうとした。こうした能力観はわが国のものだけではなく，欧米にも同様の試みが見られる。それぞれに新しいキャリア観を背景にした実践的な能力観と言えよう。これらに含まれる能力要素を対比させてみたのが表 12-1 である。

　しかしこれらの実践的な能力の概念は抽象的で，キャリア教育を支えるためのプログラムとしての具体化には，今後の研究が待たれるところとなっている。これらの能力観を具体的に理解する参考に，社会人基礎力の要素に沿って具体的な行動や意識としてあらわした自己チェックリストを掲げておく（表 12-2）。1 から順に，前に踏み出す力（1. 主体性，2. 働きかけ力，3. 実行力），考え抜く力（4. 課題発見力，5. 計画力，6. 創造力），チームワークで働く力（7. 発信力，8. 傾聴力，9. 柔軟性，10. 情況把握力，11. 規律性，12. ストレスコントロール力）が具体的にあらわされている。

　ちなみに，大学においてもこうした実践的な能力の育成を目標にした新しい試みが見られる。初年次教育の一環として学習意欲と態度を促し，学習するスキルを習得させる教科目である。そこでは，基礎スキル（読み書き能力・数的処理能力・技術活用能力・IT 活用力），概念・思考スキル（情報活用力・問題解決力・批判的思考力），人間関係スキル（コミュニケーション力・チームワ

表 12-2　社会人基礎力の自己チェックリスト

前に踏み出す力
1．やるべきことを見つけて，自ら積極的に取り組んでいる。
2．何かを企画するときは，周りの人に働きかけて協力を得ながら進めている。
3．課題に取り組むときは，目標をたてて粘り強くやり抜いている。

考え抜く力
4．課題に取り組むときは，まず問題点は何かをしっかり考えている。
5．課題の解決に当たっては，取り組む手順を検討してから進めている。
6．課題に取り組むときは，自分なりにアイデアを出しながら新しいやり方を工夫している。

チームワークで働く力
7．自分の意見は，相手に分かりやすく伝えるようにしている。
8．話しやすい雰囲気を作り，相手の話をしっかりと聴くようにしている。
9．相手と意見が合わないとき，自分の考えにこだわり過ぎず，うまく折り合いをつけるようにしている。
10．チームで仕事をするときは，自分の役割や立場を理解して行動するようにしている。
11．規則や規範を守り，周りに迷惑をかけないように発言したり行動したりしている。
12．悩みや不満があっても，緊張しすぎないようにして，乗り越えてきている。

ーキング力），個人的なスキル・特性（責任感・時間管理・自尊心）が抽出されジェネレーションスキルの用語が用いられている（絹川，2007）。

以上のように，多方面で新たな能力観が検討され，その育成に向けてさまざまな試みが展開され始めている。

3節　キャリア・サクセス

目指すのは，個人にとっても人材マネジメントにとっても，キャリアとして成功することということである。目標というのには違和感が感じられるとしても，両者にとって大きな関心事であることは間違いなかろう。しかし，キャリアにおいて成功するとは，どのようなことなのかという一般的な結論は簡単とは言えない。

個人において，自分なりの目標が意識されていれば，それを達成できているかどうかが成否の基準となろう。しかし，大きな目標を持ち合わせていなくても，日々大禍なく自分らしく働くことができていれば，それも一つの成功と言えなくもない。また，成し遂げたことが関係者，広く社会から評価，賞賛されれば，もちろんそれも一つの成功の形であろう。

しかし，キャリアを時間的な流れの中で捉えると事態は少し複雑である。仮に大きな失敗をしたとしても，それが克服されれば，平板なキャリアよりも成功感が大きくなることさえある。逆に大きな成功と思われても，終盤に大きな失策が表面化することによって，長年のすべてが後悔されることもある。

このようにキャリアの成否は，一概にその基準を示すことができないし，成否を明快に決めることはできないことが分かる。また，明快に決める必要性はないかもしれない。しかしながら，成否について考えることはキャリア発達のあり方を考えることになり，積極的な意義があるように思える。

1) 内的キャリアと外的キャリア

キャリアの成否を検討する視点は大きく2つに整理することができる。当人がキャリアを振り返って満足や成功を感じ取ることができるかどうかと，経済的な富，社会的な地位など周囲から成功と認められるか否かの視点である。前者は「内的なキャリア」で，内面の意識に焦点が当てられるのに対して，後者は「外的なキャリア」で，外からの評価や判断ということになる。

キャリア発達の研究では内的キャリアに注目されやすく，本書でもおもにこの視点から議論を進めてきた。しかし，外的キャリアも重要でないわけではない。実際，基本的な欲求として経済的に豊かで安定した生活が目指される場合が多いし，働いている人に働く目的を尋ねると，「お金を稼ぐため」という回答が聞かれることも少なくない。確かに，住まいにも食事にも，そして医療にも，生活のためには働いて収入を得ることは必須である。ちなみにマズローの欲求段階説にしたがえば，経済的欲求が充足しないと高次の目標が視野に入らないことになる。しかし，収入は金銭以上の意味が感じられているのも現実である。人一倍物質的に豊かな生活が直接的な目標となっている場合もあるし，豊かな生活が心のゆとりと満足を与えて内的キャリアを充実させる一面もある。逆に，内的な自己実現や成長欲求の発現が，評価や名誉，さらに収入につながることもある。

つまり，内的キャリア，外的キャリアの境界はあいまいであるし，相互に無関係ではなく，いずれかが満たされれば良いというようなものではない。どちらかと言えば，外的キャリアの側面が基礎的な要件となり，内的キャリアの充実が努力の目標とされるという場合が多いように思われる。両方の視点から総

合的に考えておくべきものであろう。

2) キャリア・サクセスの基準

　キャリア・サクセスの問題を検討するために，2つの議論を紹介しておきたい。まず，学生を対象として目指すべきキャリアのあり方を外的キャリアも視野に入れながら説くものである（梅澤，2004）。これを一部改変し3側面，8項目に整理したのがつぎのリストである。自分のキャリアにおいて各項目を満たしているかどうかを振り返るリストとしても利用できよう。

＜個人の欲求充足＞
　① 仕事を通じて自分の可能性を探り，個性を発揮している。
　② 困難に挑戦し，成果を上げて充実感を味わっている。
　③ 多額な収入を得て，豊かな経済生活を送っている。

＜組織への貢献＞
　④ 仕事を通じて，会社の発展に貢献している。
　⑤ 会社の収益や利潤の獲得に向けてがんばっている。
　⑥ お客様や取引先など，多くの人々の役に立っている。

＜社会への貢献＞
　⑦ 一人前の社会人として世の中から認められている。
　⑧ 困っている人に手を差しのべるなど，社会のために尽くしている。

　つぎに，キャリア・サクセスをさらに掘り下げて考えるために，もう一つの議論を紹介しておきたい。キャリアについて広く影響を与えている研究成果で，良いキャリアの基準として13項目があげられているリストである（金井，2003）。年配者がキャリアを振り返るためのチェックリストとして編集，整理してみたものである。

＜自分のキャリア意識＞
　① キャリアの節目では，それまでの経験を振り返り，その後の計画や見通しをしっかりと考えた。
　② キャリアが蓄積されるに伴い，自分らしく生きている実感が高まってきた。
　③ 自分で選んだ道という実感と周囲の人々に生かされてきたという感覚の両面が感じられている。

④ 自分の歩んできたキャリアについて，後輩に語りたいことがらがたくさんできている。
⑤ 仕事に対する考え方や取り組み姿勢について，自分の意見や知恵を蓄えることができた。
⑥ キャリアの節目を克服するたびに人間的に成長し，自己信頼感が高まってきている。

＜自分と組織・環境との関連性＞
⑦ 自分のやりたいことと組織が求めているものが大きくずれてくることはなかった。
⑧ キャリアの節目でいろいろ考えることがあったが，それ以外のときは自分らしく仕事に打ち込み，やってくることができた。
⑨ 環境や組織の変化に対しては，自分の考えにこだわらず，柔軟に課題にチャレンジすることができた。
⑩ キャリアの節目の「緊張」と節目と節目の間の「安定」が適度に混ざり合っていた。
⑪ 自己成長につながりやすい忍耐をし，自分にとってプラスの少ない倦怠をがまんしないようにしてきた。

＜自分と組織・環境の両面に関連することがら＞
⑫ 組織・環境の求めるものが自分のニーズとずれた場合も，自分の大切にする価値を捨てずに自分の意志を貫いてきた。
⑬ それぞれの年齢段階において，自分なりの飛躍や成長を目指し続けてきた。

キャリア・サクセスをこのように捉えたうえで人材マネジメントを考えると，組織メンバーのサクセスこそ経営の一つの目標でもあることに気づかされる。メンバーのキャリアにおいて，その人らしく，個性と能力がフルに発揮されることが組織の最大の成果が得られるはずである。

4節 再びキャリアとは

ここまでキャリアとは職業生活のことと大ざっぱに捉えて議論してきた。すでに理解が進んでおり，面倒な定義などを確認する必要はない段階かもしれな

いが，キャリアとはどのようなものかを再確認し総括としたい。

1) キャリアの定義

キャリアは包括的な用語で，用いられる文脈によって意味合いが異なる。定義もその立場によって微妙に異なっている。広辞苑第6版によると，①（職業・生涯の）経歴，②専門的技能を要する職業に就いていること，③国家公務員試験Ⅰ種（上級甲）合格者で，本庁に採用されているものの俗称，とされている。

このようにキャリアの用語は，文脈によって異なった意味を持って用いられている。②や③は日常場面でも用いられる用法であり，①が本書の用法に最も近い。仕事と個人生活の両面が含められているが，過去の経歴のみで将来への展望や客観的事実のみでなく内面の意識が含められていない点では，本書の視点と異なっている。さらに拾い集めるとキャリアの定義にはつぎのようなものがあげられる。

＜研究者の定義＞

「個人の生涯を通じて，仕事に関わる諸経験や諸活動に関連した態度や行動の，個人的に知覚された連鎖」（Hall, 1976/武田訳，2004，p. 214）

「一人の人がその生涯にわたって従事し，または占めるところの職業・職務・職位の前後連鎖したものである。」（Super & Bohn, 1970/藤本・大沢訳，1973，p. 176）

「成人になってフルタイムで働き始めて以降，生活ないし人生全体を基盤にして繰り広げられる長期的な仕事生活における具体的な職務・職種・職能の諸経験と，その節目での選択が生み出していく回顧的意味づけや将来展望のパターン」（金井，2002，p. 141）

＜行政による定義＞

「個々人が生涯にわたって遂行するさまざまな立場や役割の連鎖及びその過程における自己と働くこととの関係づけや価値づけの累積」（文部科学省，2004）

「一般に『経歴』，『経験』，『発展』さらには，『関連した職務の連鎖』などと表現され，時間的持続性ないし継続性を持った概念として捉えられる」（厚生労働省，2002）

＜実務家による定義＞

ホールの定義をもとにした記述に，「個人が生涯にわたって仕事とどのように向き合い，どのようにかかわっていくのかということ」もある。（実践キャリア・カウンセリング研究会・人材開発協会，2002，p.44）

定義は個人生活の領域まで視野に入れるかどうかによって，立場により多少の差異が感じられる。しかし，職務経験とのかかわりや経過，連鎖という意味は共通しており，大筋で大きくは異ならないように思われる。以上の定義からは，キャリアという用語は単に職業，職業生活という単語であらわすことができない「生涯にわたる」「経験の展開」「内面における意味づけ」という時間的，空間的な広がりと精神性を含んでいることを指摘できる。

2) キャリアの意味するもの

蛇足ながらキャリアに含まれる意味合いを掘り下げて整理してみるとつぎの5点をあげることができる。

① 時間的連続の上にあるキャリア

職業生活は，時間的な連続の上に展開されて蓄積される性質がある。スキルや経験を蓄積していく意図があろうとなかろうと，連続した職業生活としての歴史が残っていく。そして，その蓄積は現時点におけるキャリアに対する意識や行動に影響を与えるし，将来を考える際の希望を大きくしたり制約したりもする。また，将来をイメージする内容によって現在の行動が方向づけられる。モチベーション論も，なぜ働くか，なぜ行動するかをテーマにするが，長期的な時間軸からの視点はキャリアならではである。

つまり，個人は過去，現在，未来の時間的な連続を一つのキャリア発達として統合して意識していくのである。自らが歩んだ過去の意義や是非を思いつつ現在に臨んでいるものであるし，また未来をイメージすることによって，過去と現在の自分を位置づけていると言えよう。

② 社会や組織との関係性としてのキャリア

職業生活は個人的なものであるが，一人の個人の内で完結しているものでない。一人でがんばっているように見える職業でも，必ずそれを支えてくれている人がいるし，なし得た仕事を受け容れてくれる人がいる。また，仕事と直接関係がなくても，陰ながら支えてくれている人がいるものである。その前に，

それに携わることを理解してくれる家族の存在がある。そして，その職業を職業として認める社会があり国家がある。つまり，キャリアは家族，仕事の関係者・組織，社会文化とのダイナミックな関係性の中に成り立っているのである。

③　質的な変化を伴う節目があるキャリア

時間的連続と社会や組織との関係性について指摘したが，これらには質的な変化を伴う節目が存在するという性質がある。転職などは自らの意思としての変化である場合が多いが，組織における人事異動や健康上の問題，家族の事情による変化は意思と無関係に訪れる。いくら安定したキャリアを送っていたとしても，当人は齢をとるし，それに伴って周囲の期待や見る目が変わってくる。そして，加齢に伴い，周囲との関係性も変え，キャリアに対する意識を質的に変化させることを求めてくることになる。こうした意図的，あるいは意図しない時間的・社会的流れの中で，キャリアは質的に方向転換する，あるいは転換が求められる。

④　取捨選択の非可逆的なキャリア

キャリアの節目においては，何らかの方向転換が必要となる。他に選択できる道がない場合もあるが，ある選択をするということは同時に他の選択を放棄したり断念したりするということでもある。いずれにしても，それは決してやり直すことのできない時間の流れの中にある。仕事はやり直すことができるように思えても，それはやり直しという新たな経験でしかない。そして，経験は他者がそれをどのように評価しようが，事実として変えられるものではなく，自らの責任でその事実を受け容れなければならない。

⑤　自らが意味づけるキャリア

キャリアの取捨選択が自らの意思によってなされようが，状況に流されたものであろうが，そこに個人的なキャリアの事実が蓄積されていく。問題はその事実を自らがどのように捉え意味づけるかが重要な意味を持っている。当人が過去の事実をどのように捉えるかは現在のキャリアへの取り組み姿勢と無関係でないし，将来の夢や希望の方向づけを左右するからである。学生の立場で考えると，志望どおりの大学に入学できなかったという事実があった場合，日々，失望の中で無気力に過ごす場合と，失敗をバネに，新たな目標を見出した場合では，学びの質が異なるし，将来の進路に対する考えも異なってくる。

ただし，面白いことに，そのキャリアの意味づけは，新しい経験や他人との

関係性によって時とともに変わっていくこともある。挫折と思っていた経験が，時がたつにつれて，自分を成長させてくれた良い経験だったように感じられるようになるなどである。

> **コラム**
>
> ## ディーセントワーク

労働環境や労働条件は，本来，市場の激しい競争を背景にして過酷な状況に置かれがちになる。とくに報酬の低い層の労働にそうしたことが起きる。これは，労務コストを抑え，市場競争力を高める企業努力の結果でもあり，それ自体は悪意によるものではなく，市場原理のなせる業である。

だから放置しても良いものではなく，それだからこそ，何らかのルールによって一定の保護をする社会政策が必要とされる。日本においては個人の尊厳，法の下の平等，職業選択の自由，生存権，労働の権利，労働者の団結権などを定めた日本国憲法をはじめとして，労働基準法，職業安定法，労働組合法など労働関連法規によって保護の対象になっている。また，企業組織の中でも労働協約，就業規則などで組織との関係秩序が保つシステムが作られている。

国際的にも労働のあり方に関する問題に焦点が当てられ，QOW：Quality Of Work（労働の質）を確保する運動が展開されている。ちなみに，ILO（International Labor Organization：国際労働機関）では，過酷な労働環境を是正しようとする活動が展開されている。1999年には，フアン・ソマヴィア事務局長が就任演説の中で，人間的で意義のある職業生活を「ディーセントワーク」（decent work）と称して，基本的な人権に次いで確保すべき一大テーマであるとして世界に訴えられている。

市場原理の徹底とグローバリゼーションの浸透が，国の格差，労働者の格差を拡大させていることは間違いなかろう。そうした中で労働の美しさを青臭く訴えるのは安直であるし，むなしささえ残る。また，これを市場原理の成り行きであると放置するのは禍根を残すことになりかねない。正解は容易には見つけられない。

引用・参考文献

安達智子（2003）．SCCT による進路発達過程について．東清和・安達智子編．大学生の職業意識の発達．学文社．
Adams, J.S. (1965). Inequity in social exchange. In L. Berkwitz (Ed.), *Advances in Experimental Social Psychology*. Vol.2. Academic Press.
上里一郎（監修），馬場房子・小野公一（2007）．「働く女性」のライフイベント．ゆまに書房．
Alderfer, C.P. (1972). *Existence, relatedness and growth : Human needs in organizational settings*. Free Press.
Allen, N.J., & Meyer, J.P. (1990). Organizational socialization tactics : A longitudinal Analysis of links to newcomers' commitment and role orientation. *Academy of Management Journal* **33** (4), 847-858.
American Educational Research Association, American Psychological Association, & National Council on Measurement in Education (ed.) (1999). *Standards for Educational and Psychological testing*. American Psychological Association.
荒金雅子・小崎恭弘・西村智（2007）．ワークライフバランス入門．ミネルヴァ書房．
Argyris, C. (1957). *Personality and organization : The conflict between system and the individual*. Garland Publishing, Inc.
Avolio, B.J. (1999). *Full leadership development*. Sage.
Bandura, A. (1977). Self-efficacy mechanism in human agency. *American Psychologist*, **37** (2), 122-147.
Bandura, A. (ed.) (1995). *Self-efficacy in changes societies*. Cambridges Press.
［本明寛・野口京子監訳（1997）．激動社会の中の自己効力．金子書房．］
Bass, B.M. (1985). *Leadership and performance beyond expectations*. Free press.
Becker, H.S. (1960). Notes on the concept of commitment. *American Journal of Sociology*, **66**, 32-40.
Bennis, W., & Nanus, B. (2003). *Leaders*. 2nd ed. Harper Collins Publishers.
［伊東奈津子（訳）（2011）．本物のリーダーとは何か．海と月社．］
Blake, R.R., & Mouton, J.S. (1964). *The managerial grid : Key orientations for achieving production through people*. Gulf.
［上野一郎（監訳）（1965）．期待される管理者像．産業能率短期大学出版部．］
Boyatzis, R. E. (1982). *The competent manager : A model of effective performance*. Wiley-Interscience.
Bridges, W. (1980). *Transitions : Making sense of life's changes*. Addison-Wesley.

引用・参考文献

　　［倉光修・小林哲郎訳（1994）．トランジション．創元社．］
Chao, G.T., O'Leary-Kelly, A.M., Wolf, W., Klein, H.J., & Gardner, P.D. (1994). Organizational socialization : Its content and consequences, *Journal of Applied Psychology*, **79**, 730-743.
Chemers, M.M. (1997). *An integrative theory of leadership*. Lawrence Erlbaum Associates.
　　［白樫三四郎（訳編）（1999）．リーダーシップの統合理論．北大路書房．］
Cooper, C.L., & Marshall, J. (1976). Occupational sources of stress : A review of the literature relating to coronary heart disease and mental ill health. *Journal of Occupational Psychology*, **49** (1), 11-28.
Cronbach, L.J. (1988). Five perspectives on validity argument. In H.Wainer, & H.I. Braun (eds.). *Test Validity*. Hillsdale.
Deary, I.J. (2001). *Intelligence : A very short introduction*. Oxford University Press.
　　［繁桝算男（訳）（2004）．知能．岩波書店．］
Deci, E.L. (1972). Intrinsic motivation, extrinsic reinforcement and inequity. *Journal of Personality and Social Psychology*, **22**, 113-120.
Drucker, P.F. (1954). *The Practice of management*. Harper & Row.
　　［上田惇生訳（1996）．新訳現代の経営（上・下）．ダイヤモンド社．］
Edward, J.R., Caplan, R.D., & Harrison, R.V. (1998). Person-Environment Fit Theory : Conceptual Foundations, Empirical Evidence, and Directions for Future Research. In C.L. Cooper (Ed.), *Theories of Organizational Stress*. Oxford University Press. pp.22-67.
Erikson, E.H. (1950). *Childhood and society*. New York : Norton.
　　［仁科弥生（訳）（1977・1980）．幼児期と社会1・2．みすず書房．］
Erikson, E.H. (1959). *Psychological issues : Identelty and the life cycle*. International University Press.
　　［小此木啓吾訳（編）（1973）．自我同一性．誠信書房．］
Erikson, E.H. (1982). *The Life cycle completed*. Norton.
　　［村瀬孝雄・近藤邦夫（訳）（1989）．ライフサイクル，その完結．みすず書房．］
Erikson, E.H., & Erikson, J.M. (1997). *The Life cycle completed, A review*. W.W. Norton & Company, Inc.
　　［村瀬孝雄・近藤邦夫（訳）（2001）．ライフサイクル，その完結（増補版）．みすず書房．］
Fiedler, F.E. (1967). *A theory of leadership effectiveness*. McGraw-Hill.
　　［山田雄一（監訳）（1970）．新しい管理者像．産業能率大学出版部．］
Fleishman, E.A., & Harris, E.F. (1962). Patterns of leadership behavior related

employee grievances and turnover. *Personnel Psychology*, 15 (1), 43-56.
French, J.R.P.Jr., Rodgers, W.L., & Cobb, S. (1974). Adjustment as Person-Environment Fit. In G. Coelho, D. Hamburg, & J. Adams (Ed.), *Coping and Adaptation*. pp.316-333.
古川久敬 (1990). 構造こわし――組織変革の心理学. 誠信書房.
Gardner, H. (1999). *Intelligence reframed : Multiple intelligences for the 21st century*. Basic Books, Inc.
［松村暢隆 (2001). MI：個性を生かす多重知能の理論. 新曜社.］
Gelatt, H.B. (1962). Decision making : A conceptual frame of reference for counseling. *Journal of Counseling Psychology*, 9, 240-245.
Gelatt, H.B. (1989). Positive uncertainty : A new decision-making framework for counseling. *Journal of Counseling Psychology*, 36, 252-256.
Ginzberg, E., Ginsburg, J.W., Axelrod, S., & Herma, J.L. (1951). *Occupational choice*. Columbia University Press.
Goleman, D. (1995). *Emotional Intelligence : Why it can matter more than IQ*. Bantam.
［土屋京子（訳）(1996). EQ こころの知能指数. 講談社.］
Graen, G.B., & Cashman, J. (1975). A role-making model of leadership in formal organizations: A developmental approach, In J.G. Hunt & L.L. Larson (Eds.), *Leadership frontiers*. Kent State University Press.
Greenleaf, R.K., & Spears, L.C. (1977). *Servant leadership*. Advanced American Communications, Inc.
［金井壽宏（監訳），金井真弓（訳）(2008). サーバントリーダーシップ. 英治出版.］
Hackman, J.R., & Oldham, G.R. (1976). Motivation through the design of work : Test of a theory. *Organizational Behavior and Human Performance*, 16, 250-279.
Hackman, J.R., & Oldham, G.R. (1980). *Work redesign*. Addison-Wesley.
Hall, D.T. (1976). *Careers in organizations*. Goodyear.
Hansen, S.H. (1997). *Integrative life planning: Critical tasks for career development and changing life patterns*. Jossey-Bass.
［平木典子・今野能志・平和俊・横山哲夫（監訳），乙須敏紀（訳）(2013). キャリア開発と統合的ライフ・プランニング――不確実な今を生きる6つの重要課題. 福村出版.］
Herr, L.E., & Cramers, S. (1988). *Career guidance and counseling through the life span : Systematic approaches*, 3rd ed. Scott Foresman.
Hersey, P., & Blanchard, K.H. (1977). *The management of organizational behavior*. Prentice Hall.
Herzberg, F. (1959). *The motivation to work*. John Wiley.

Herzberg, F. (1966). *Work and the nature of man*. World Publishing.
　［北野利信（訳）．(1968)．仕事と人間性：動機づけ―衛生理論の新展開．東洋経済新報社．］
平井洋子（2000）．知的能力の測定．大沢武志・芝祐順・二村英幸（編）．人事アセスメントハンドブック．金子書房．
Holland, J.L. (1985). *Making vocational choices: A theory of vocational personalities and work environment*, 2nd ed. Prentice-Hall.
　［渡辺三枝子・松本純平・舘暁夫（訳）(1990)．職業選択の理論．雇用問題研究会．］
Holland, J.L. (1997). *Making vocational choices: A theory of vocational personalities and work environment*. 3rd ed. Psychological Assessment Resources, Inc.
　［渡辺三枝子・松本純平・道谷里英（共訳）(2013)．職業選択の理論．雇用問題研究会．］
Holmes, T.H., & Rahe, R.H. (1967). The social readjustment rating scale. *Journal of Psychosomatic Research*, 11, 213-218.
本間正人・松瀬理保（2006）．コーチング入門．日本経済新聞社．
House, R.J. (1971). A path-goal theory of leader effectiveness. *Administrative Science Leadership Review*, 16, 321-339.
House, R.J. (1977). A 1976 theory of charismatic leadership. In J.G. Hunt & L.L. Laron (Eds.), *Leadership : The cutting edge*. Southern Illinois University Press. pp.189-204.
市川伸一（編）(2003)．学力から人間力へ．教育出版．
井出亘（2001）．満足感．高木修（監修）．田尾雅夫（編著）．組織行動の社会心理学．北大路書房．
池田浩（2007）．コンティンジェンシー・アプローチ．山口裕幸・金井篤子（編）．よくわかる産業・組織心理学．ミネルヴァ書房．pp. 128-131.
実践キャリア・カウンセリング研究会・人材開発協会（監修）(2002)．キャリアリセット．中央経済社．
Judge, T.A., Locke, E.A., & Durham, C.C. (1997). The dispositional causes of job satisfaction : A core evaluations approach. *Research in Organizational Behavior*, 19, 151-188.
角山剛（2007）．モチベーションマネジメント．古川久敬（編）．産業・組織心理学．朝倉書店．
金井篤子（2000）．キャリア・ストレスの研究．風間書房．
金井壽宏（1999）．経営組織．日本経済新聞社．
金井壽宏（2002）．働くひとのためのキャリアデザイン．PHP新書．
金井壽宏（2003）．会社と個人を元気にするキャリア・カウンセリング．日本経済新聞社．

金井壽宏（2003）．キャリア・デザイン・ガイド．白桃書房．
Karasek, R.A. (1979). Job demand, job decision latitude, and mental strain : Implications for job redesign. *Administrative Science Quarterly*, 24 (2), 285-308.
柏木繁男（1997）．性格の評価と表現――特性5因子論からのアプローチ．有斐閣．
木村周（2003）．キャリア・カウンセリング（改訂新版）．雇用問題研究会．
絹川正吉（2007）．学士課程教育における初年次教育．カレッジマネジメント，145. Jul.-Aug. 22-25.
今野浩一郎・佐藤博樹（2002）．人事管理入門．日本経済新聞社．
小杉正太郎（1991）．職場不適応――職場精神衛生活動と職場復帰の実際．小杉正太郎・長田久雄（編著）．リハビリテーションと心理臨床――心理学的援助の実際とそのプロセス．川島書店．
小杉正太郎（編著）（2002）．ストレス心理学．川島書店．
厚生労働省（2002）．「キャリア形成を支援する労働市場政策研究会」報告書 http://www.mhlw.go.jp/houdou/2002/07/h0731-3a.html
厚生労働省（2011）．第4回改訂厚生労働省編職業分類．
Kram, K.E. (1988). *Mentoring at work : Developmental relationships in organizational life.* University Press of America.
　［渡辺直登・伊藤知子（訳）（2003）．メンタリング．白桃書房．］
Krumboltz, J.D. (1979). A social learning theory of career decision making. In A. M. Mitchell, G.B. Jones, & J.D. Krumboltz (Eds.), *Social learning and career decision-making.* Carroll Press.
Krumboltz, J.D., & Levin, A. (2004). *Luck is no accidents : Making the most of happenstance in your life and career.* Impact Publishers.
　［花田光世・大木紀子・宮地夕紀子（訳）（2005）．その幸運は偶然ではないんです！．ダイヤモンド社．］
久村恵子（1997）．メンタリングの概念と効果に関する考察．経営行動科学．11 (2) 81-100.
Lent, R.W., Brown, S.D., & Hackett, G. (1994). Toward a unifying social cognitive theory of career and academic interest, choice, and performance. *Journal of Vocational Behavior*, 45, 79-122.
Levinson, D.J. (1978). *The seasons of a man's life.* New York : Random House.
　［南博（訳）（1992）．ライフサイクルの心理学（上・下）．講談社学術文庫．］
Likert, R. (1961). *New pattern of management.* McGraw-Hill.
　［三隅二不二（訳）（1964）．経営の行動科学――新しいマネジメントの探求．ダイヤモンド社．］
Locke, E.A., Cartledge, N., & Koeppel, J. (1968). Motivational effects of knowledge

of results: A goal-setting phenomenon?. *Psychological Bulletin*, **70**(6), 474-485.

Locke, E.A. (1976). The nature and causes of job satisfaction. In M.D. Dunnette (Ed.), *Handbook of industrial and organizational psychology*. Rand McNally College Publishing.

Locke, E.A., & Latham, G.P. (1984). *Goal setting : A motivational technique that works!*. Prentice-Hall.
〔松井賚夫・角山剛（訳）（1984）．目標が人を動かす——効果的な意欲づけの技法．ダイヤモンド社．〕

Locke, E.A., & Latham, G.P. (1990). *A theory of goal setting and task performance*. Prentice-Hall.

Maguire, L. (1991). *Social support system in practice : A generalist approach*. National Association of Social Workers, Inc.
〔小松源助・稲沢公一（訳）．対人援助のためのソーシャルサポートシステム．川島書店．〕

Marcia, J.E. (1964). Determination and contrast validity of ego identity status. Unpublished Doctoral dissertation.

Maslow, A.H. (1954). *Motivation and personality*. Harper.
〔小口忠彦（監訳）（1987）．人間性の心理学．産能大学出版部．〕

松山一紀（2005）．経営戦略と人的資源管理．白桃書房．

増田真也（2007）．職場におけるストレスとその影響．外島裕・田中堅一郎（編）．臨床組織心理学入門．ナカニシヤ出版．

Mayo, E. (1933). *The human problems of industrial civilization*. Macmillan.
〔村本栄一（訳）（1967）．新訳産業文明における人間問題——ホーソン実験とその展開．日本能率協会．〕

McClelland, D.C. (1961). *The achieving society*. Van Nostrand.
〔林保（監訳）（1971）．達成動機．産業能率大学出版部．〕

McClelland, D.C. (1987). *Human motivation*. Cambridge University Press.
〔梅津祐良・薗部明史・横山哲夫（訳）（2005）．モチベーション．生産性出版．〕

McGregor, D. (1960). *The human side of enterprise*. McGraw-Hill.
〔高橋達男（訳）（1970）．企業の人間的側面（新版）．産能大学出版部．〕

三隅二不二（1966）．新しいリーダーシップ——集団指導の行動科学．ダイヤモンド社．

Mitchell, K.E., Levin, A.S., & Krumboltz, J.D. (1999). Planned happenstance : Constructing unexpected career opportunities. *Journal of Counceling and Development*, **77**(2), 115-124.

宮城まり子（2002）．キャリアカウンセリング．駿河台出版社．

文部科学省（2004）．キャリア教育の推進に関する総合的調査研究協力者会議．
http://www.mext.go.jp/b_menu/houdou/16/01/04012801/002/003.htm

守島基博（1996）．人的資源管理と産業・組織心理学．産業・組織心理学，**10**（1），3-14.
守島基博（2004）．人材マネジメント．日本経済新聞社．
本寺大志（2000）．コンピテンシーマネジメント．日本経団連出版．
Mowday, R.T., Steers, R.M., & Porter, L.M.（1979）. The measurement of organizational commitment. *Journal of Vocational Behavior*, **14**, 224-247.
宗方比佐子（2002）．職業の選択．宗方比佐子・渡辺直登（編），キャリア発達の心理学．川島書店．
宗方比佐子（2007）．キャリア発達（1）：就学前から就職まで．外島裕・田中堅一郎（編），臨床組織心理学入門．ナカニシヤ出版．
Munsterberg, H.（1913）. *The psychology of industrial efficiency*. Houghton Miffin Company.
室山晴美（2006）．キャリア・インサイトによる個性理解．雇用問題研究会．
永丘智郎・北脇雅男（1965）．適性心理学．朝倉書店．
中西信男（1985）．アイデンティティの心理．有斐閣．
National Career Development Association（1994）. *The Career Development Quarterly*, **43**（1）.
Nicholson, N., & West, M.A.（1989）. *Managerial job change : Men and women in transition*. Cambridge University Press.
日経CSRプロジェクト（2007）．CSR働く意味を問う．日本経済新聞社．
日経連能力主義管理研究会（1969/2001復刻）．能力主義管理――その理論と実践．日経連出版部．
二村英幸（2001）．人事アセスメント入門．日本経済新聞社
二村英幸（2005）．人事アセスメント論．ミネルヴァ書房
日本経団連出版（編）（1994）．目標管理制度事例集．日本経団連出版．
日本経団連出版（編）（2002）．360度評価制度事例集．日本経団連出版．
日本経団連出版（編）（2004）．社内公募・FA制度事例集．日本経団連出版．
日本経団連出版（編）（2006）．キャリア開発支援制度事例集．日本経団連出版．
日本テスト学会（編）（2007）．テストスタンダード．金子書房．
日本産業カウンセリング学会（編）（2000）．産業カウンセリングハンドブック．金子書房．
野村忍（2006）．情報化時代のストレスマネジメント．日本評論社．
岡本祐子（1985）．中年期の自我同一性に関する研究．教育心理学研究，**33**, 295-306.
岡本祐子（1997）．中年からのアイデンティティ発達の心理学．ナカニシヤ出版．
岡本祐子（2002）．アイデンティティ生涯発達論の射程．ミネルヴァ書房．
岡本祐子・山本多喜司（1985）．定年退職時の自我同一性に関する研究．教育心理

学研究．33, 185-194.
岡本祐子・松下美知子（編）(2002).　新女性のためのライフサイクル心理学．福村出版．
奥野明子（2004）．目標管理のコンティンジェンシー・アプローチ．白桃書房．
大沢真知子（2006）．ワークライフ・バランスの社会へ．岩波書店．
大沢真知子（2008）．ワークライフ・シナジー．岩波書店．
大沢武志・芝祐順・二村英幸（編）(2000)．人事アセスメントハンドブック．金子書房．
太田肇（1997）．仕事人の時代．新潮社．
太田肇（1999）．仕事人と組織．有斐閣．
Parsons, F. (1909). *Choosing a vocation*. Agathon Press.
Pinder, C.C. (1998). *Work motivation in organizational behavior*. Prentice Hall.
Porter, L.W., Steers, R.M., Mowday, R.T., & Boulian, P.V. (1974). Organizational commitment, job satisfaction, and turnover among psychiatric technicians. *Jounal of Applied Psychology*, 59, 603-609.
Porter, L.W. & Lawler, Ⅲ, E.E. (1968). *Managerial attitudes and performance*. Dorsey.
リクルート．GCDF-Japanキャリアカウンセラートレーニングプログラムテキストブック 1-4.
Robbins, S.P. (1997). *Essentials of Organizational behavior*, 5th ed. Prentice Hall. ［高木晴夫（監訳）．組織行動のマネジメント．ダイヤモンド社．］
Roe, A. (1956). *The psychology of occupations*. John Wiley & Sons.
Ronen, S. (1994). An underlying structure of motivational need taxonomies : A cross-cultural confirmation, In Marvin D. Dunnett et al. (ed.). *Industrial and Organizational Psychology Handbook*, 2nd. vol.4. Consulting Psychologist Press.
Rousseau, D.M. (1995). *Psychological contracts in organizations : Understanding written and unwritten agreements*. Sage Publications.
蔡芒錫（1998）．人的資源管理論のフロンティア．組織科学, 31 (4), 79-92.
榊原清則（2004）．キャリア転機の戦略論．ちくま新書．
佐々木正宏（2005）．クライアント中心主義のカウンセリング．駿河台出版社．
Savickas, M.L. (2005). The theory and practice of career construction. In S.D. Brown & R.W. Lent (eds.), *Career development and counseling : Putting theory and research to work*. John Wiley & Sons.
Schaufeli, W.B., & Bakker, A.B. (2004). Job demands, job resources, and their relationship with burnout and engagement : A multi-sample study. *Journal of Organizational Behavior*, 25, 293-315.
Schein, E.H. (1965). *Organizational psychology*.

［松井賫夫（訳）（1966）．組織心理学．岩波書店．］
Schein, E.H. (1971). The individual, the organization, and the career : A conceptional scheme. *Journal of Applied Behavioral Science*, 7 (4), 401-425.
Schein, E.H. (1978). *Career Dynamics.* Addison-Wesley.
［二村敏子・三善勝代（訳）（1991）．キャリアダイナミクス．白桃書房．］
Schein, E.H. (1990). *Career Anchors : Discovering your real values*, revised ed. Jossey-Bass.
［金井壽宏（訳）（2003）．キャリア・アンカー．白桃書房．］
Schein, E.H. (1995). *Career Survival : Strategic job and role planning.* Jossey-Bass.
［金井壽宏（訳）（2003）．キャリア・サバイバル．白桃書房．］
Schlossberg, N. et al., (1989). *Overwhelmed.* Lexington Books.
［武田圭太・立野了嗣（監訳）（2000）．「選職社会」転機を活かせ．日本マンパワー出版．］
仙﨑武・下村英雄（編訳）（2013）．D.E.スーパーの生涯と理論．図書文化社．
島悟（2007）．メンタルヘルス入門．日本経済新聞社．
下村英雄（2013）．成人キャリア発達とキャリアガイダンス．労働政策研究・研修機構．
下村英雄・吉田修・石井徹・菰田孝行（2005）．職業カードソート技法とキャリアガイダンス――カード式職業情報ツールの開発．労働政策研究・研修機構．Discussion Paper Series, 05-010.
白樫三四郎（2009）．リーダーシップ．白樫三四郎（編）．産業・組織心理学への招待．有斐閣．pp.97-116.
総理府統計局（2005）．労働力調査．
総理府統計局（2013）．労働力調査．
総理府統計局（2014）．労働力調査．
Spector, P.E. (1997). *Job Satisfaction.* Sage Publication.
Spencer, L.M., & Spencer, S.M. (1993). *Competence at work.* John Wiley & Sons.
［梅津祐良・成田攻・横山哲夫（訳）（2001）．コンピテンシー・マネジメントの展開．生産性出版．］
Spencer Jr., L.M. (1997). Competency assessment methods. In J.B. Laurie, & R-E. Darlene (ed.), *Assessment, development, and measurement.* American Society for Training and Development.
Stogdill, R.M. (1948). Personal factors associated with leadership: A survey of the literature. *Journal of Psychology*, 25, 35-71.
Super, D.E. (1953). A theory of vocational development. *American Psychologist.* 185-190.
Super, D.E. (1984). Career and life development. In D. Brown, L. Brooks, &

Associates (ed.). *Career choice and development : Applying contemporary theories to practice.* Jossey-Bass.
Super, D.E., & Bohn, Jr. (1970). *Occupational psychology.* Wadsworth Publishing.
　[藤本喜八・大沢武志（訳）(1973). 職業の心理. ダイヤモンド社.]
鈴木乙史・佐々木正宏 (2006). 人格心理学――パーソナリティと心の構造. 河出書房新社.
鈴木竜太 (2002). 組織と個人――キャリアの発達と組織コミットメントの変化. 白桃書房.
鈴木竜太 (2007). 自律する組織人. 生産性出版.
正田亘 (1981). 適性. 藤永保ほか（編）. 心理学事典. 平凡社. p.604.
高木浩人 (1997). 組織コミットメントとは何か. 田尾雅夫（編著）. 会社人間の研究. 京都大学学術出版会.
高木浩人・石田正浩・益田圭 (1997). 実証研究――会社人間をめぐる要因構造. 田尾雅夫（編著）. 会社人間の研究. 京都大学学術出版会.
高橋恵子・波多野誼余夫 (1994). 生涯発達の心理学. 岩波新書.
高橋潔 (2006). ワーク・モチベーション. 山口裕幸・高橋潔・芳賀繁・竹村和久. 産業・組織心理学. 有斐閣.
高橋潔 (2009). コンピテンシー概念の効用と限界. 山口裕幸（編）. コンピテンシーとチームマネジメントの心理学. 朝倉書店. pp.1-20.
高橋弘司 (1993). 組織社会化をめぐる諸問題. 経営行動科学, 8, 1-22.
高橋弘司 (2002). 職務満足. 宗方比佐子・渡辺直登（編）. キャリア発達の心理学. 川島書店.
高橋修・松本桂樹 (2007). 活き活きした職場をつくるメンタルヘルス・マネジメント. 産業能率大学出版部.
武田圭太 (2004). 有能感が推進するキャリア発達. 外島裕・田中堅一郎（編）. 産業・組織心理学エッセンシャルズ（増補改訂版）. ナカニシヤ出版.
武石恵美子 (2006). 企業からみた両立支援策の意義. 日本労働研究雑誌, 553, 19-33.
田尾雅夫 (1991). 組織の心理学　新版. 有斐閣
田尾雅夫 (1997). 「会社人間」の研究. 京都大学学術出版会.
田尾雅夫 (1998). モチベーション入門. 日本経済新聞社.
鑪幹八郎 (1990). アイデンティティの心理学. 講談社現代新書.
Taylor, F.W. (1911). *The Principles of Scientific Management.* Harper & Row.
　[上野陽一（訳）(1958). 科学的管理法. 産業能率短期大学出版部.]
梅澤正 (2004). ナットクの働き方. TAC出版.
浦光博 (1992). 支えあう人と人――ソーシャルサポートの社会心理学. サイエンス社.

Vroom, V.H. (1964). *Work and motivation*. Wiley.
　［坂下昭宣・榊原清則・小松陽一・城戸康彰（1982）．仕事とモティベーション．千倉書房．］
ワークライフバランス塾・学習院大学経済経営研究所（2007）．WLB 実現に向けての指標の開発と活用．http://www.gender.go.jp/danjo-kaigi/wlb/siryo/wlb04-1-1.pdf#search='ワークライフバランス塾'．
渡辺三枝子（2002）．新版カウンセリング心理学．ナカニシヤ出版．
渡辺三枝子（編著）（2006）．オーガニゼーショナル・カウンセリング序説．ナカニシヤ出版．
渡辺三枝子（2007）．新版キャリアの心理学．ナカニシヤ出版．
渡辺三枝子・E.L. ハー（2001）．キャリアカウンセリング入門．ナカニシヤ出版．
渡辺三枝子・平田史昭（2006）．メンタリング入門．日本経済新聞社．
渡辺直登（2002）．職業性ストレス．宗方比佐子・渡辺直登（編）．キャリア発達の心理学．川島書店．
Williamson, E.G. (1939). *How to counsel students*. McGraw-Hill.
山口裕幸（2006）．ワーク・モチベーション．山口裕幸・髙橋潔・芳賀繁・竹村和久．産業・組織心理学．有斐閣．

あ と が き

　個人は働くことを通じて社会とかかわり，組織は働く個人の成果をより合わせて発展をしている。この個と組織の関係は，自明なことのようであるが，はなはだ複雑で微妙なバランスの上にある。働くことの基盤には個人の生活があり，さまざまな価値意識によって多様に展開されている。一方の組織も多様で，しかるべき発展の方向を見定める必要が生じてきているように思われる。

　働く経験のない学生の諸君は，こうした個と組織の関係性を容易には理解できないかもしれないが，まずはキャリア発達と人材マネジメントの基礎知識を身につけてほしい。知識の積み重ねが視野を拡げ気づきを深めるものであるし，将来，働くプロセスで障害に直面したとき，組織との折り合いをつける知恵となってくれるように思う。

　すでに組織で人材マネジメントに携わる方は，基礎知識に照らして実践での議論を深めていただきたい。人材マネジメントをキャリアという個人の問題を第一に置いて考えるために視点を増やし，新たな工夫をもって挑戦するパワーと知恵を生み出していただけるものと思う。個人の問題を第一に考えるということは，福祉サービスを優先させることではなく，組織のゴーイング・コンサーンとしての戦略的な姿勢である。生涯発達心理学や経営学の知見を統合するなかに，個と組織を見つめる眼とマネジメントの創造的な知恵が生まれ，組織を発展させるものと思う。こうした発想は単に筆者の思いだけではなく，変化を続ける社会にあって歴史の必然でもあろう。

　編集に際しては，金子書房編集部長，井上誠氏に丁寧にお目通しのうえ貴重なご意見と編集の労をお取りいただいた。重ねてお礼申し上げる次第である。このご支援がなければ本書がないことは言うまでもない。

2008 年 11 月

二 村 英 幸

事 項 索 引

あ行

IQ　174
アイデンティティ　10, 14, 16, 31-35
アセスメント　142, 151, 152, 159, 160, 165-168
R-CAP　160, 168
ERG 理論　91, 93
EAP　67
EQ　174
生きる力　179
育児・介護休業法　22
意思決定過程　44
一般知的能力　153
一般適応症候群　56
因果関係モデル　57
インテリジェント・キャリア　179
インフォーマル・アセスメント　152
インフラ型組織　176
ウーマン・リブ運動　22
衛生要因　93
SL 理論　106, 107
X 理論　87
FA 制度　128-130, 144
M 字型　21
MPS　99
MBO　123
LPC スコア　105
エンプロイアビリティ　83
エンプロイメンタビリティ　83
オーガニゼーショナル・カウンセリング　146
OJT　117
O*NET　154
オハイオ研究　104
Off-JT　117, 120

か行

会社人間　78
改正労働安全衛生法　66
外的なキャリア　182
外発的動機づけ　97
回避欲求　97
カウンセラー　133, 138
カウンセリー　133, 138
カウンセリング　127, 133-148
科学的管理法　85
拡散　33
過程的アプローチ　89
カードソート　168, 173
カリスマ的リーダーシップ　108
関係欲求　91
官僚的組織　175
期待理論　95
規範的コミットメント　76
キャリア・アセスメント　151
キャリア・アップ　70
キャリア・アドバイス　134
キャリアアンカー　39-41, 165
キャリア・インサイト　161
キャリア・ガイダンス　134, 167
キャリア開発　37
キャリア・カウンセラー　144-148
キャリア・カウンセリング　133
キャリア形成　37
キャリア研修　119
キャリア構築理論　49
キャリア・コンサルティング　134
キャリアサイクル　6, 7, 118
キャリア・サクセス　181, 183
キャリアサバイバル　40
キャリア・ディベロップメント　37
キャリア・トランジション　25
キャリ・パス　70
キャリアパターン　71
キャリア発達　37
キャリア・ラダー　70
QOW　188
教育研修　116
共感　139
興味　155

クライアント　133
クライアント中心主義　139
グレートマン理論　103
KSAO　153
計画された偶発性
　（Planned Happenstance）　47
経済人　88
傾性　41
傾性的アプローチ　77
傾聴　140
結晶性知能　24, 153
欠乏欲求　91
権力欲求　97
構造的‐交互作用的理論　41
行動論　103
公平理論　89, 93, 94
功利的コミットメント　74
交流的リーダーシップ　108
心と健康づくり（THP）　66
個人―環境適合モデル　59
個人特性論　37, 39
コーチング　125-127, 130
コンピテンシー　156-158

さ行

サイド・ベット理論　74, 76
サーバントリーダーシップ　109
360度フィードバック・ツール　120
JDS　99
CACGS　161
CSR　78, 81
自己アセスメント　168
自己一致　139
指向　155
自己効力感　45-48, 50
自己実現人　88
自己申告制度　128, 130
自己同一性　32
GCDF　146
次世代育成支援対策推進法（次世代法）
　82
社会学習理論　46
社会人　88
社会人基礎力　180
社会再適応評価尺度　57

社会的責任　78
社会的説得　46
社会認知的キャリア理論（SCCT）　48, 49
社内公募制度　128-130, 144
受容　139
生涯発達心理学　24
状況的アプローチ　77
状況論　105
条件即応理論　105
情緒の覚醒　46
情緒的コミットメント　74
情動的な知性　174
職業カウンセリング　137
職業興味検査（VPI）　43, 160, 166
職業適合性　159
職業的パーソナリティ　41-43, 49
職務特性理論　98
職務満足　76-79
自律的組織人　78
人材マネジメント　113-115
人事管理　114
人的資源管理　114
信頼性　162
信頼性係数　163
心理社会的同一性　32
心理的契約　79
親和欲求　97
スキル　153
ストレス　55
ストレイン　55
ストレス反応　55, 59
ストレス要因　55
ストレッサー　55
スモールステップ法　46
性格　155
性格的適性　159
生殖性　18
生成継承性　18
生存欲求　91
成長欲求　91
世代継承性　11, 17
世代性　18
積極的不確実性　45
セルフケア　66

早期確定　33
組織コミットメント　73, 78
組織社会化　72
ソーシャルサポート　63, 66
存在欲求　91
存続的コミットメント　74

た行
態度的適性　159
達成　33
達成動機　97
達成欲求　97
妥当性　162, 163
多面観察評価ツール　120, 130
男女共同参画社会基本法　22
男女雇用機会均等法　22
知能　153
ディーセントワーク　188
テイラーイズム　85
適性　158
適性検査　160, 162, 165-167
転機　25
動機づけ要因　92
道具性　95
特性論　103, 155
トランジション　25

な行
内的なキャリア　182
内発的動機づけ　97
内容的アプローチ　89
2因子論　153
2要因理論　91-93
人間関係論　86
人間力　179
認知的ストレス理論　56
能力　153
能力的適性　159

は行
バウンダリーレス・キャリア　179
パス－ゴール理論　106
バーンアウト　62
PM理論　104
非指示的カウンセリング　139

ビッグ・ファイブ　155
ファミリーフレンドリー　82
フォーマル・アセスメント　152
複雑人　88
フル・レンジ・リーダーシップ　110
プロティアン・キャリア　179
プロテジェ　126
ヘルピング　146
変革的リーダーシップ　110
ポジティブ・アクション　23, 82
ホーソン実験　86

ま行
マキシサイクル　6, 50
ミシガン研究　104
ミニサイクル　6, 50
メンター　126
メンタリング　125-130
メンタルヘルス　64, 65, 81
メンティー　126
燃え尽き症候群　62
目標管理　123, 124, 127
目標設定理論　96
モデリング　46
モラトリアム　14, 33

や行
役割プランニング　39, 40
誘意性　95
有機的組織　176
要求―コントロールモデル　59
欲求段階説　90, 93
4つのS　36
予定　33

ら行
ライフ・キャリアの虹　6, 7
ライフサイクル　5, 8, 9
ライフサイクル理論　106
ライフスパン　6
ライフロール　6
ラポール　142
RIASEC　41-43
リアリティショック　72
理解的態度　139

リーダー－メンバー交換理論（LMX理論） 108
リファー 145
流動性知能 24, 153
類型論 155
労務管理 113

わ行
Y理論 87
ワーカホリズム 62
ワーク・エンゲイジメント 62
ワーク・モチベーション 85, 89
ワークライフ・バランス 79-82
ワークライフ・バランス憲章 82

人 名 索 引

あ行
アージリス（Argyris, C.） 87
アダムス（Adams, J. S.） 94
アルダファ（Alderfer, C. P.） 96
アレン（Allen, N. J.） 76
ウィリアムソン（Williamson, E. G.） 38
ウェスト（West, M. A.） 29, 30
浦光博 63
ヴルーム（Vroom, V. H.） 95
エリクソン（Erikson, E. H.） 9-11, 19, 31
エリクソン（Erikson, J. M.） 11, 19
大沢武志 159
大沢真知子 80
太田肇 175
岡本祐子 16, 17, 21, 35
オールダム（Oldham, G. R.） 98, 99

か行
金井壽宏 53, 68, 87, 183, 185
カラセク（Karasek, R. A.） 59
ギンズバーグ（Ginzberg, E.） 5
クーパー（Cooper, C. L.） 57
クラマー（Cramer, S.） 136
クラム（Kram, K. E.） 126
クランボルツ（Krumboltz, J. D.） 47, 48
クロンバック（Cronbach, L. J.） 164
小杉正太郎 55

さ行
サビカス（Savickas, M. L.） 51
ジェラット（Gelatt, H. B.） 44, 45
島悟 60, 65
シャイン（Schein, E. H.） 7, 8, 39-41, 70, 79, 88, 165
シュロスバーグ（Schlossberg, N.） 36
ストッディル（Stogdill, R. M.） 103
スーパー（Super, D. E.） 6, 7, 159, 185
スペンサー（Spencer, L. M.） 157, 158
スペンサー（Spencer, S. M.） 157
セリエ（Selye, H.） 55

た行
田尾雅夫 75, 76, 89
鑪幹八郎 31
ディアリ（Deary, I. J.） 24
テイラー（Taylor, F. W.） 85, 86
デシ（Deci, E. L.） 97
ドラッカー（Drucker, P. F.） 123

な行
ニコルソン（Nicholson, N.） 29, 30

は行
ハー（Herr, L. E.） 136, 137, 141
ハウス（House, R. J.） 106, 108
ハーシー（Hersey, P.） 106
バス（Bass, B. M.） 109
パーソンズ（Parsons, F.） 38

205

ハックマン（Hackman, J. R.）　98, 99
ハーツバーグ（Herzberg, F.）　98
バンデュラ（Bandura, A.）　45
フィードラー（Fiedler, F. E.）　105
ブランチャード（Blanchard, K. H.）　106
ブリッジス（Bridges, W.）　27-29
ブレイク（Blake, R. R.）　104
ベッカー（Becker, H. S.）　74
ポーター（Porter, L. W.）　74, 96
ホームズ（Holmes, T. H.）　57
ボヤティス（Boyatzis, R. E.）　157
ホランド（Holland, J. L.）　41-43
ホール（Hall, D. T.）　179, 186

ま行

マウディ（Mowday, R. T.）　74, 76
マクレガー（McGregor, D.）　87
マクレランド（McClelland, D. C.）　97
マーシャ（Marcia, J. E.）　33, 34
マーシャル（Marshall, J.）　57
マズロー（Maslow, A. H.）　90

宮城まり子　141
三隅二不二　104
ムートン（Mouton, J. S.）　104
メイヤー（Meyer, J. P.）　74
メーヨー（Mayo, E.）　86
守島基博　114

ら行

ラー（Rahe, R. H.）　57
ラザルス（Lazarus, R. S.）　56
ルソー（Rousseau, D. M.）　79
レイサム（Latham, G. P.）　96
レスリスバーガー（Roethlisberger, F. T.）　86
レビンソン（Levinson, D. J.）　9, 16, 25
ロー（Roe, A.）　38
ロック（Locke, E. A.）　76, 96
ローラー（Lawler, Ⅲ, E. E.）　96

わ行

渡辺三枝子　51, 135, 137, 141, 142, 146

● 著者紹介

二 村 英 幸 （にむら・ひでゆき）元文教大学人間科学部教授

　1947年生まれ．1969年名古屋大学教育学部教育心理学科卒業．株式会社リクルート入社．1989年人事測定事業研究所の分社にともない転籍，取締役就任．2002年取締役退任，理事研究主幹就任．その後，2004年株式会社リクルートの教育事業と統合された株式会社リクルートマネジメントソリューションズにて理事，組織行動研究所長．この間，適性検査などの人事アセスメント事業や人事・教育サービス関連事業の主に研究開発を担当．2006年，同社を退職，同年近畿大学経営学部教授．2009年文教大学人間科学部教授，2017年退任．

　著書に『人事アセスメント入門』（日本経済新聞社，2001年），『人事アセスメント論』（ミネルヴァ書房，2005年；経営行動科学学会優秀研究賞受賞），『人事アセスメントハンドブック』（共編，金子書房，2000年），『産業カウンセリングハンドブック』（分担執筆，金子書房，2000年），『新・心理学の基礎知識』（分担執筆，有斐閣，2004年），『産業・組織心理学』（分担執筆，朝倉書店，2006年），『産業・組織心理学ハンドブック』（分担執筆，丸善，2009年），『産業・組織心理学』（分担執筆，有斐閣，2009年），『経営行動科学ハンドブック』（分担執筆，中央経済社，2013年），『最新心理学事典』（分担執筆，平凡社，2014年），ほか．

改訂増補版 個と組織を生かすキャリア発達の心理学
自律支援の人材マネジメント論

2009年 1 月23日　初版第 1 刷発行　　　　　　　　　　　　　［検印省略］
2015年 2 月20日　改訂増補版第 1 刷発行
2020年 8 月13日　改訂増補版第 4 刷発行

　　　　　　　　　著　者　　二 村 英 幸
　　　　　　　　　発行者　　金 子 紀 子
　　　　　　　　　発行所　　株式会社　金 子 書 房
　　　　　　　　　　　　　〒112-0012 東京都文京区大塚 3-3-7
　　　　　　　　　　　　　　TEL　03-3941-0111
　　　　　　　　　　　　　　FAX　03-3941-0163
　　　　　　　　　　　　　　振替　00180-9-103376
　　　　　　　　　　　　　URL https://www.kanekoshobo.co.jp

　　　　　　　　　印刷/製本　新日本印刷株式会社

　　　　　　　　　　　　　　　　© Hideyuki Nimura, 2015
　　　　　　　　　　　　　　　　　Printed in Japan
　　　　　　　　　　　　　ISBN978-4-7608-2392-5　C 3034

金子書房の関連図書

キャリア・コンストラクション　ワークブック
不確かな時代を生き抜くためのキャリア心理学

安達智子・下村英雄 編著　　　B5判 160頁　定価 1,800円＋税

詳解　大学生のキャリアガイダンス論
キャリア心理学に基づく理論と実践

若松養亮・下村英雄 編　　　A5判 196頁　定価 2,600円＋税

エンプロイアビリティにみる大学生のキャリア発達論　阪南大学叢書92
新時代の大学キャリア教育のあり方

寿山泰二 著　　　A5判 232頁　定価 3,500円＋税

社会人基礎力が身につくキャリアデザインブック　自己理解編

寿山泰二 著　　　B5判 112頁　定価 1,300円＋税

社会人基礎力が身につくキャリアデザインブック　社会理解編

寿山泰二 著　　　B5判 112頁　定価 1,300円＋税

キャリアデザイン研修　実践ワークブック
若手・中堅社員の成長のために

畔柳 修 著　　　B5判 128頁　定価 2,500円＋税

（定価は2020年8月現在のものです）